Petit traité de vie intérieure

Frédéric Lenoir

Petit traité
de vie intérieure

PLON
www.plon.fr

ISBN : 978-2-259-21248-9

« Le bonheur, c'est de continuer
à désirer ce qu'on possède. »

Saint Augustin

Prologue

Exister est un fait, vivre est un art.

Nous n'avons pas choisi de vivre, mais il nous faut apprendre à vivre comme on apprend à jouer du piano, à cuisiner, à sculpter le bois ou la pierre. C'est le rôle de l'éducation. Pourtant, celle-ci se préoccupe de moins en moins de transmettre un savoir-être, au profit d'un savoir-faire. Elle vise davantage à nous permettre de faire face aux défis extérieurs de l'existence qu'aux défis intérieurs : comment être en paix avec soi-même et avec les autres ? Comment réagir face à la souffrance ? Comment nous connaître nous-même et résoudre nos propres contradictions ? Comment acquérir une vraie liberté intérieure ? Comment aimer ? Comment finalement accéder à un bonheur vrai et durable, qui relève sans doute davantage de la qualité de relation à soi-même et aux autres que de la réussite sociale et de l'acquisition de biens matériels ?

Pendant des millénaires, la religion a rempli ce rôle d'éducation de la vie intérieure. Force est de constater qu'elle le remplit de moins en moins. Non seulement parce qu'elle a, au moins en Europe, beaucoup moins d'influence sur les consciences, mais aussi parce qu'elle s'est rigidifiée. Elle offre le plus souvent du dogme et de la norme quand les individus sont en quête de sens. Elle édicte des credo et des règles qui ne parlent plus qu'à une minorité de fidèles et elle ne parvient pas à renouveler son regard, son langage, ses méthodes, pour toucher l'âme de nos contemporains qui continuent pourtant de s'interroger sur l'énigme de leur existence et sur la manière de mener une vie bonne. Pris en tenaille entre une idéologie consumériste déshumanisante et une religion dogmatique étouffante, nous nous tournons vers la philosophie et les grands courants de sagesse de l'humanité. Car les sages du monde entier – de Confucius à Spinoza en passant par Épicure, Plotin ou Montaigne – nous ont légué des clés permettant de nourrir et de développer notre vie intérieure : accepter la vie comme elle est, se connaître et apprendre à discerner, vivre dans l'«ici et maintenant», se maîtriser, faire le silence en soi, savoir choisir et pardonner. Ces clés de sagesse universelle n'ont rien perdu de leur pertinence. Elles nous aident toujours à vivre, car si notre monde a beaucoup changé, le cœur de l'être humain est toujours le même. Bien que vieux de deux mille cinq cents ans, le diagnostic du Bouddha sur ce qui rend l'homme heureux ou malheureux reste vrai. Le constat socratique sur l'ignorance source de tous les maux est d'une parfaite actualité. Les enseignements d'Aristote sur la vertu et l'amitié n'ont pas pris une ride. Les maximes d'Épictète, de Sénèque ou de Marc Aurèle sur le destin et le libre arbitre continuent de nous parler.

Dans mon cheminement personnel, mes lectures m'ont confronté dès l'adolescence à ces maîtres de sagesse de l'humanité. Ce sont eux qui m'ont donné le goût du beau, du vrai, du bien, pour reprendre les grands archétypes de Platon. Mes études de philosophie m'ont ensuite permis d'approfondir mes connaissances, mais j'ai aussi enrichi mon propre parcours intérieur de deux autres sources, de nature assez différentes : la spiritualité et la psychologie des profondeurs. J'ai découvert le bouddhisme à l'âge de seize ans et les enseignements du Bouddha m'ont tout de suite touché par leur justesse et leur caractère pragmatique. Je les ai approfondis lors d'un long séjour en Inde par des rencontres avec des lamas tibétains auprès desquels j'ai aussi appris les bases de la méditation. À l'âge de dix-neuf ans, la lecture des Évangiles a été également un choc profond. Ma découverte du Christ, non seulement comme enseignant du passé, mais aussi comme personne vivante à laquelle on peut se relier par la prière, a marqué ma vie et m'a fait accéder à une compréhension du christianisme fort différente des souvenirs du catéchisme de mon enfance. La découverte, ensuite, de la psychanalyse freudienne et jungienne ainsi que de diverses méthodes thérapeutiques issues du développement personnel (sophrologie, Gestalt, Rebirth...) m'a aidé à prendre davantage conscience de mes failles et à guérir de certaines blessures profondes qui parasitaient ma vie et me faisaient retomber dans des scénarios névrotiques récurrents.

Ce petit traité est donc le fruit d'une réflexion personnelle élaborée à partir des courants de sagesse philosophiques d'Orient et d'Occident, de la spiritualité chrétienne libérée de sa gangue normative et de la psychologie des profondeurs. Je n'ai pas d'autre ambition que d'offrir ce qui m'a aidé à vivre et à me construire. Afin de rendre la lecture de ce livre accessible au plus grand nombre, j'ai choisi de l'élaborer en deux temps. Il est né sous la forme d'un enseignement oral, puis j'ai retravaillé le texte qui conserve néanmoins la trace de cette oralité. Ce que je transmets ici relève davantage de l'expérience :

celle tout d'abord des sages dont je m'inspire et que je cite souvent, la mienne ensuite, que, malgré bien des réticences, il m'était difficile de ne pas exposer. Car, comment parler de vie intérieure en évitant de parler de soi ? Qu'il soit clair cependant que je ne me considère en rien comme un modèle : je conserve des parts d'ombre et je ne parviens pas toujours à mettre en pratique les enseignements que j'évoque ici. Ce qui est certain, c'est que je suis aujourd'hui beaucoup plus lucide, apaisé et, tout compte fait, plus heureux que je ne l'ai été dans le passé. Puisse ce petit livre aider d'autres âmes en peine et en quête de lumière à comprendre que l'amour est proche, que la liberté intérieure peut advenir, que la joie est là. Il suffit d'ouvrir les yeux de l'intelligence et du cœur pour les découvrir.

1

Dire « oui » à la vie

Nous sommes tous confrontés à un certain nombre de faits que nous n'avons pas choisis, que nous n'avons pas voulus et qui nous sont en quelque sorte imposés : c'est ce que j'appellerais le « donné » de la vie. C'est notre lieu de naissance, notre famille, l'époque à laquelle nous vivons; c'est notre corps, notre personnalité et notre intelligence, nos capacités, nos qualités, mais aussi nos limites et nos handicaps. Ce sont aussi les événements qui surviennent, qui nous touchent directement, mais sur lesquels nous n'avons pas de maîtrise et que nous ne pouvons pas contrôler. Ce sont les maladies, les aléas économiques, la vieillesse et la mort. C'est le « sort » de l'être humain.

On peut le refuser et vouloir que les choses soient autrement. On souhaiterait presque tous ne pas vieillir, ne jamais être malade, ne pas mourir. Certains rejettent leur culture, leur famille, leur lieu de naissance. D'autres n'aiment pas leur corps, leur tempérament, et souffrent de certaines limitations physiques ou psychiques. Ce refus est parfaitement compréhensible et légitime. Et pourtant la sérénité, la paix intérieure, la joie ne peuvent nous échoir sans un acquiescement à l'être et une acceptation profonde de la vie telle qu'elle nous est donnée, avec sa part d'inéluctable. Ce « oui » à la vie ne signifie pas pour autant qu'il ne faille pas chercher à évoluer, à modifier ce qui peut l'être, à contourner des obstacles évitables. On peut quitter un pays qui nous oppresse, s'éloigner d'une famille mortifère, développer des qualités, transformer certains handicaps physiques ou blessures psychologiques pour en faire des atouts. Mais ces changements ne peuvent intervenir que sur ce qui est modifiable, et ils ne nous seront profitables que si nous les opérons sans rejet violent du donné initial de notre vie. On peut ainsi intervenir sur son apparence physique, mais nul ne peut éviter à son corps de vieillir. On peut prendre de la distance avec ses parents et sa famille d'origine, mais il sera impossible de trouver la paix intérieure si cette distance repose sur un ressentiment permanent, sur une haine tenace, sur un refus de ce qui a été. La sagesse commence par l'acceptation de l'inévitable et se poursuit par la juste transformation de ce qui peut l'être.

Cette compréhension est au fondement même d'un grand courant philosophique de l'Antiquité gréco-romaine qui s'appelle le stoïcisme. Le nom de cette école de sagesse – *stoa*, le portique – provient banalement de la *Stoa Poikile*, un célèbre portique décoré de fresques qui servait de point de repère aux Athéniens et sous lequel Zénon, le père du stoïcisme, délivrait ses enseignements. De nombreux penseurs ont pratiqué la philosophie stoïcienne, du IVe siècle avant notre ère jusqu'au VIe siècle de notre ère, soit pendant près de mille ans. Les philosophes stoïciens appartenaient à toutes les couches de la société, de l'empereur Marc Aurèle à l'esclave Épictète. Ce dernier, qui a vécu au Ier siècle, a parfaitement résumé dans son *Manuel* la distinction entre « ce qui dépend de nous » (l'opinion, les désirs, l'aversion...) et qu'il nous appartient librement de transformer et « ce qui ne dépend pas de nous » (corps, condition de naissance, réputation...) que l'on doit accepter. Épictète faisait remarquer à juste titre que nous voudrions bien souvent changer ce qui ne dépend pas de nous et ne pas faire évoluer ce qui dépend pourtant de nous. Une telle attitude ne peut conduire qu'au malheur et au ressentiment.

C'est ce qu'illustre aussi la célèbre métaphore de la *persona* – le masque. Pour les stoïciens, en effet, nous ne sommes pas maîtres du destin, c'est lui qui nous installe dans un « rôle » prédéterminé, nous affublant en quelque sorte d'un masque comme ceux que portaient les acteurs de l'époque et qui permettaient aux spectateurs de reconnaître chaque personnage dans son rôle : le roi, l'esclave, l'épouse, le traître, le héros... La sagesse, disent-ils, consiste à savoir habiter ce masque grâce à la *proaïrésis*, la liberté de choisir, non pas son rôle, mais la manière de l'endosser. « Souviens-toi que tu es un acteur qui joue un rôle dans une pièce qui est telle que la veut le poète dramatique. Un rôle bref s'il veut que ce rôle soit bref, long, s'il veut qu'il soit long. S'il veut que tu joues le rôle d'un mendiant, veille à jouer ce rôle avec talent; ou un boiteux, ou un magistrat, ou un homme ordinaire. Car ce qui t'appartient, c'est ceci : bien jouer le rôle qui t'a été donné. Mais choisir ce rôle appartient à un autre[1]* », affirme Épictète. Ainsi, indépendamment de la position sociale, de l'apparence physique, des qualités et des défauts que la nature lui a donnés, tout individu peut et doit devenir pleinement humain grâce au travail sur lui-même, un travail qu'il a la liberté d'exercer. « Ne cesse pas, réalise ton œuvre et joue le rôle de l'homme bon[2] », insiste également Sénèque, en soulignant que chacun a la liberté de se rendre maître de soi, quel que soit le rôle extérieur qui lui a été dévolu.

C'est aussi cela qu'a compris le prince Siddhârta. Le futur Bouddha évoluait pourtant dans un tout autre contexte, celui de l'Inde du VIe siècle avant notre ère. La tradition bouddhiste nous dit que ce prince a tout ignoré du malheur jusqu'à l'âge adulte; il n'était entouré que d'individus jeunes et en bonne santé, et son père avait même interdit qu'il franchisse l'enceinte du palais afin que rien de désagréable ne vienne le heurter. À quatre reprises, Siddhârta réussit quand même à sortir du palais, et à quatre reprises, il vit ce qu'il ne devait pas voir : un vieillard, un malade, un mort et un ascète. Il en fut si interloqué qu'il interrogea son fidèle cocher, lequel lui révéla que, quels que soient leur pouvoir et leur richesse, tous les êtres vieillissent et ne sont

---

* On trouvera les notes en fin de chaque chapitre.

épargnés ni par la maladie ni par la mort. Révolté par ce « sort » de l'humain, décidé à le vaincre, Siddhârta s'enfuit pour rejoindre les ascètes des forêts, se soumettant aux pratiques extrêmes qui leur procuraient des pouvoirs extraordinaires. Mais il se rendit vite compte que même ces pouvoirs ne pouvaient avoir raison du donné fondamental de la vie : comme tout être vivant lui aussi finirait par vieillir et mourir. Alors Siddhârta quitta les ascètes et s'en fut sous un arbre pour méditer ; c'est à ce moment qu'il atteignit l'éveil et devint « le Bouddha » (littéralement, « l'éveillé »). Ce qu'il comprit, c'est qu'il faut accepter le donné de la vie plutôt que le combattre et chercher à éliminer le malheur par une réponse intérieure. C'est par la connaissance de soi et par un travail de transformation profonde que nous pouvons atteindre une véritable sérénité.

Comme le Bouddha, comme les sages stoïciens, nous pouvons tous trouver l'équilibre entre l'acceptation de l'inéluctable, ce qui ne peut pas être changé, et notre capacité à transformer ce qui peut l'être. Prenons l'exemple de la famille. Nous ne choisissons pas nos parents. Nous ne pouvons pas décider d'en changer, ni de les changer. Même si nous ne nous entendons pas bien avec eux, nous n'avons d'autre choix que de les accepter. Enfants, nous le faisons de manière instinctive, parce que nous avons besoin d'eux pour survivre. Adultes, nous devons le faire de manière réfléchie, dans le cadre d'une relation librement choisie, quelle que soit la forme que nous allons donner à cette relation, quelles que soient les limites que nous allons lui poser, et même si nous allons jusqu'à la rupture. Poser comme un fait inéluctable qu'il s'agit là de nos parents, de nos frères, de nos sœurs revient à accepter une réalité. Alors seulement nous pourrons nous distancier de cette réalité, cesser d'être en situation de dépendance ou de contre-dépendance avec elle (ce qui est une autre forme d'aliénation) pour parvenir à une véritable «interdépendance». Cela ne peut se faire sans une mise à distance volontaire et sereine. C'est à cette condition que nous pouvons sceller la paix avec le réel sans rester englués dans les sentiments de haine ou de colère.

De même que notre famille, nous n'avons choisi ni notre pays, ni notre milieu de naissance. Il nous arrive parfois de nous sentir en décalage par rapport à cet héritage culturel, mais prenons-nous conscience de ce qu'il peut receler de positif, qui nous est constitutif et qui nous est aussi profitable? Je suis français, et le côté râleur de mes compatriotes m'exaspère souvent. Mais il faut aussi reconnaître que c'est cet esprit critique qui est à l'origine de la Révolution et de la lutte pour les droits de l'homme. Nous n'acceptons pas les vérités toutes faites, nous interrogeons en permanence la politique, la religion, l'économie, les institutions, et c'est tant mieux! J'assume cet héritage, mais je cherche aussi à transformer en moi le négativisme qu'il recèle. Avoir l'esprit critique ne signifie pas nécessairement tout critiquer. Être lucide ne signifie pas forcément être arrogant. On trouve ainsi dans chaque culture des éléments qui peuvent être à la fois négatifs et positifs. Par exemple, le sentiment d'autosatisfaction des Américains peut être perçu comme un défaut insupportable, mais aussi apparaître comme une grande force s'il est tempéré par une vision altruiste.

Ce travail d'acceptation, il nous faut également l'effectuer vis-à-vis de notre propre personne. Nous avons tous une certaine forme d'intelligence, de sensibilité, un tempérament inné et un caractère qui s'acquiert par une éducation, par un vécu. Sachons les reconnaître et nous accepter. Prenons l'exemple de notre physique. Nous naissons avec des caractéristiques précises, la couleur des yeux, des cheveux, une tendance à l'embonpoint ou à la maigreur, parfois des handicaps. Que faire de ce corps ? L'accepter tel qu'il est et apprendre à l'aimer. Ce travail de consentement est indispensable. En le menant, nous nous apercevrons bien souvent que certaines des caractéristiques qui ne nous semblaient pas satisfaisantes sont tout à fait aimables. Adolescent, j'ai ainsi souffert de mesurer un mètre soixante-cinq quand la plupart de mes copains mesuraient un mètre quatre-vingts. J'ai souffert du regard des autres jusqu'à en faire un complexe, et me suis persuadé que cette taille serait pour moi un obstacle tout au long de ma vie. Ayant cela en tête, j'anticipais même le rejet de certaines jeunes femmes plus grandes que moi et n'osais aller vers elles. À l'âge adulte, j'ai progressivement admis le fait d'être plus petit que la moyenne. Et j'ai découvert qu'en fait ma taille n'était pas un problème. Ou plutôt, que si elle cessait d'être un problème pour moi, elle ne l'était plus pour personne. J'ai fini par m'accepter ainsi. Dès lors, ma taille ne m'a pas empêché de réussir ma vie professionnelle et elle a totalement cessé de me handicaper dans ma vie amoureuse.

Le complexe que j'ai eu adolescent a été aussi, de manière inconsciente, un moteur pour développer d'autres qualités : la réflexion, la créativité. Qui sait, si j'avais été grand, peut-être n'aurais-je jamais fait des études de philo ! Toute limite peut nous stimuler à développer d'autres qualités qui seraient peut-être restées en friche. Woody Allen serait-il devenu un formidable cinéaste s'il avait eu la tête de Paul Newman ? Évidemment, si j'avais eu des problèmes de poids, j'aurais suivi les régimes nécessaires à mon bien-être et à ma santé pour maigrir. C'est pourquoi, tout en commençant par s'accepter tel que l'on est, il est indispensable de déterminer dans un deuxième temps si l'on peut agir directement, et de manière efficace, sur le donné qui nous rend malheureux.

Il nous incombe donc de transformer ce qui dépend de nous et qui ne nous rend pas heureux ou qui est source de tensions avec les autres. Si, par exemple, j'ai un caractère colérique qui me conduit à accomplir des actes négatifs, un caractère qui me fait souffrir et fait souffrir mes proches, identifier et accepter ce caractère est une première étape qui ouvre la voie à un travail sur soi. Ce travail peut s'effectuer par le biais de la méditation ou de la psychothérapie, des moyens qui aident à atteindre un équilibre indispensable à la paix intérieure et à une bonne relation aux autres (je reviendrai plus tard sur ces techniques). Certes, je conserverai mon caractère colérique toute ma vie, mais parce que je l'ai identifié et accepté, je saurai le maîtriser, peut-être même l'utiliser à bon escient, en tout cas m'en libérer dans ce qu'il a de destructeur.

J'ai toujours été de tempérament rêveur. À l'école, j'étais tellement dans la lune que je n'écoutais pas grand-chose ; j'étais incapable de me concentrer et j'avais de mauvaises notes dans presque toutes les matières. J'ai dû changer deux fois de lycée pour éviter de redoubler. Je m'en suis voulu avant de me résoudre à affronter ce trait de caractère, à comprendre qu'il subsistera toute ma vie, et finalement à l'accepter, à le faire évoluer et à en tirer le meilleur parti. Par une discipline de l'attention, j'ai appris à être davantage présent à la réalité. J'ai appris aussi à tirer profit de ce qui apparaissait au premier abord comme un travers, j'ai canalisé mon imagination dans la création artistique en écrivant des poèmes et aujourd'hui des pièces de théâtre, des romans, des scénarios de BD et de cinéma. Je m'accepte désormais comme je suis, je continue parfois de lutter pour ne pas être envahi au quotidien par ma rêverie, mais je suis réconcilié avec moi-même. Ce qui était un problème est devenu source d'inspiration.

Je l'expérimente au quotidien depuis bientôt trente ans que j'ai entamé un travail philosophique, psychologique et spirituel : le seul fait d'acquiescer à la vie et à l'être procure un sentiment de gratitude qui est lui-même source de bonheur, qui permet de profiter pleinement du positif et de transformer le négatif autant que faire se peut. Dire « oui » est une attitude intérieure qui nous ouvre au mouvement de la vie, à ses imprévus, ses inattendus et ses surprises. C'est une sorte de respiration qui nous permet d'accompagner intérieurement la fluidité de l'existence. Accepter les balancements des joies et des peines, des bonheurs et des malheurs, accepter la vie telle qu'elle est, avec ses contrastes et ses difficultés, son imprévisibilité. Bien des souffrances viennent de la négation de ce qui est ou de la résistance au changement.

J'ajouterai encore une chose importante. Face à l'horreur, face à la souffrance extrême d'un enfant, face à la déportation et au massacre de millions d'innocents, il m'est impossible de comprendre et d'acquiescer. Je suis scandalisé par le mal et refuse d'y chercher un sens. Néanmoins, cette conscience du caractère tragique et inacceptable de certains événements ne m'a pas détourné de l'amour de la vie. Je continue de penser qu'elle vaut la peine d'être vécue, malgré tout. Bien sûr, il n'est pas impossible que je sois amené à changer d'avis si j'étais confronté dans ma chair à l'horreur absolue. Mais à ce jour, je peux affirmer en vérité que j'aime la vie, bien qu'elle ne m'ait pas toujours fait de cadeaux. *Amor fati*, j'aime ma destinée, selon la devise stoïcienne, malgré ses hauts et ses bas, car j'ai toujours trouvé la force et les moyens de surmonter les obstacles et les épreuves. Même si certains événements sont incompréhensibles et révoltants, j'acquiesce à l'être et je dis, malgré tout, « oui » à la vie en tant que telle, avec sa part de mystère, d'ombre et de lumière.

Le philosophe français Montaigne offre un exemple remarquable de ce que j'essaie de décrire. Il écrit dans ses *Essais* : « De nos maladies, la plus sauvage, c'est mépriser notre être », ajoutant que s'aimer soi-même est « le sommet de la sagesse humaine et de notre bonheur[3] ». Montaigne se disait heureux ; pourtant, la vie n'a pas toujours été généreuse avec lui. Né dans le contexte des guerres de Religion, de santé très fragile, il n'a pas été épargné par les deuils. Six fois père, il a perdu cinq de ses enfants. Et il ne s'est jamais totalement remis de la mort de son ami, Étienne de La Boétie, qu'il a passionnément aimé. Il soupirait certes du fait que, dans l'existence, il y a « toujours quelque pièce qui va de travers », et il ajoutait joliment : « C'est quelque chose de tendre que la vie, et aisée à troubler[4]. » Néanmoins, parce qu'il s'était obstiné à chercher le bonheur même à travers ses malheurs, cet homme pouvait se dire « très content et satisfait[5] ». Il avait une devise qu'il s'appliquait à mettre en œuvre : « Il faut étendre la joie, mais retrancher autant qu'on peut la tristesse[6]. » Et il ajoutait en toute honnêteté et en dépit de tout : « Pour moi donc, j'aime la vie[7]. » La vie telle qu'elle nous est offerte, la vie telle qu'elle est.

---

1. Épictète, *Manuel*, 17.
2. Sénèque, *Des bienfaits*, 1, 2, 4.

3. Montaigne, *Essais*, III, 10, 1006-1007 et III, 13, 1110.
4. *Ibid.*, III, 9, 950.
5. *Ibid.*, III, 9, 998.
6. *Ibid.*, III, 9, 979.
7. *Ibid.*, III, 13, 1113.

2

Confiance et lâcher-prise

La foi est l'une des dimensions les plus importantes de la vie intérieure. Je ne parle pas de la foi telle qu'on l'entend à propos des religions monothéistes, c'est-à-dire la croyance en Dieu sans preuve de son existence, mais de cette foi, que l'on pourrait qualifier de confiance, sans laquelle on ne peut pas avancer, progresser dans la vie. Les spiritualités orientales utilisent d'ailleurs indifféremment les mots de foi et de confiance pour parler de cet état d'être. Le bouddhisme, par exemple, part d'un constat empirique : sans une foi-confiance préalable dans le *dharma*, l'enseignement du Bouddha, tout progrès spirituel est impossible. Et sans une foi-confiance préalable dans le maître, on ne peut pas intégrer ses enseignements. La raison en est simple : si nous n'avions pas foi que ce que nous allons étudier va nous être profitable, nous ne l'étudierions pas sérieusement. Les enfants connaissent cette vérité et ils l'appliquent spontanément : ils ont foi en leurs parents, ils les croient, et apprennent ce qu'ils leur transmettent. Cela vaut aussi bien pour la transmission de la culture et des valeurs que pour tous les autres apprentissages. C'est d'ailleurs ainsi que, comme la plupart d'entre nous, j'ai appris à faire du vélo : mon père derrière moi me maintenait en équilibre, je ne le voyais pas et j'avais peur, je lui ai dit de ne pas me lâcher, il m'a demandé de lui faire confiance. Quelques mètres plus loin, je me suis aperçu que je pédalais tout seul. J'avais réussi à me lancer grâce à la foi-confiance que j'avais en lui.

Il existe évidemment des cas de perversion de la confiance. Nous connaissons tous de mauvais maîtres, de mauvais parents, des individus malhonnêtes qui abusent de la foi naturelle et spontanée que nous mettons en eux. Certains en profiteront pour accomplir un acte destructeur, comme celui d'abuser sexuellement d'un enfant, d'autres vont lui inculquer des enseignements négatifs, pétris de haine. Adultes, nous avons également affaire à des personnes qui abusent de notre confiance ; ce n'est pas pour autant qu'il nous faut l'étouffer. Il est indispensable de développer notre esprit de discernement – j'y reviendrai par la suite –, mais il nous faut préserver en nous cette foi-confiance qui est indispensable pour avancer, pour progresser, pour grandir.

Cela est valable dans tous les domaines, y compris la science. Avant de se lancer dans une recherche, le scientifique *croit* qu'il va trouver quelque chose. Cette foi a d'abord été explicitement religieuse dans l'Occident chrétien : les premiers savants de l'ère moderne, comme Galilée ou

Newton, étaient des croyants persuadés que le monde était intelligible. Leur quête scientifique visait à découvrir les lois physiques du monde établies par le Créateur. S'ils avaient pensé que le monde était inintelligible ou absurde, ils n'auraient rien cherché. Le déclin de la religion n'a pas pour autant supprimé cette foi en l'intelligibilité du monde chez les savants. «La science ne peut être créée que par ceux qui aspirent profondément à la vérité et à la compréhension. Ce sentiment émane de la sphère de la religion [...]. Je ne peux pas concevoir un savant authentique sans une foi profonde[1]», affirmait Albert Einstein, qui se décrivait lui-même comme «un non-croyant profondément religieux[2]», puisqu'il ne croyait pas dans le Dieu personnel des monothéismes, mais adhérait à une sorte de religiosité cosmique. La foi est d'ailleurs tout aussi nécessaire à la motivation de la recherche scientifique qu'à sa réception par le grand public. Bien peu d'individus sont capables de comprendre les démonstrations de la science, mais nous faisons confiance à la communauté scientifique et acceptons comme absolument vraies des théories et des conclusions qui échappent totalement à notre expérience commune. Nous n'avons jamais vu un atome, mais nous croyons que la matière est faite d'atomes parce que la science nous le dit. Comme le soulignait le sociologue Émile Durkheim : «Qu'un peuple n'ait pas foi dans la science, et toutes les démonstrations scientifiques seront sans influence sur les esprits[3].»

La foi est donc tout d'abord indispensable pour progresser par la confiance que nous faisons à d'autres individus qui en savent plus que nous (parents, éducateurs, scientifiques, sages), ensuite parce qu'elle nous aide à vivre et à nous développer en nous fiant au monde et à la vie. Nous sommes motivés pour progresser, pour apprendre, pour avancer, pour chercher, pour nous engager, pour créer, parce que nous croyons qu'il y a quelque vérité et quelque bonté dans le monde et dans la vie. Sinon, à quoi bon se lever le matin?

Cette foi varie selon les individus. Chez certains, le désespoir, la peur, le ressentiment, la colère l'emportent. L'existence devient alors douloureuse. La vie au quotidien peut se transformer en enfer quand elle est dénuée de confiance. Le monde apparaît hostile, dangereux. La peur remplace la confiance. On n'ose plus prendre un avion de peur qu'il ne s'écrase, on n'ose pas entrer dans une relation amoureuse de peur d'être trahi ou abandonné, on n'ose pas postuler à un emploi de peur que notre candidature ne soit rejetée. Et, au lieu de progresser, on reste paralysés dans notre vie professionnelle, affective et sociale. Notre existence devient impossible si on n'a pas un minimum de confiance. En soi, dans les autres, dans la vie.

Cette foi dans la bonté du monde et dans le caractère positif de la vie est au fondement même de la philosophie stoïcienne que j'ai déjà évoquée. Le mot «stoïque» signifie dans nos esprits «supporter la douleur et l'adversité avec courage», mais les fondements du stoïcisme sont bien plus amples. Zénon avait observé le monde qui nous entoure, le cosmos, et en avait tiré le constat que celui-ci est organisé par une Raison universelle selon une finalité qui nous échappe. Il voyait dans cette organisation un plan divin, et donc une preuve que les dieux, ou la Providence, ne laissent rien au hasard. Il invitait ses élèves à adhérer à ce plan et à lui faire confiance ; de toute manière, ajoutait-il, il ne sert à rien de se révolter ni de se lamenter. D'une part, il est impossible de faire obstacle à la volonté divine ou à la Raison universelle, et, d'autre part, les dieux nous donnent certes des épreuves, mais aussi les moyens de les surmonter. C'est ce que résume encore une fois Épictète : « Lève les yeux vers les facultés que tu possèdes et, après les avoir contemplées, dis : "Donne-moi maintenant, Zeus, les circonstances que tu veux. J'ai l'équipement que tu m'as fourni et les ressources pour me diriger à travers ce qui arrive." Non, mais vous restez assis à trembler que certaines choses n'arrivent et, lorsque d'autres sont arrivées, à vous plaindre, à pleurer et à vous lamenter ; ensuite vous vous en prenez aux dieux[4]. »

Dans la lignée des stoïciens, et sans nécessairement croire en Dieu, un individu qui a foi en la vie et qui est persuadé que tout ce qui advient est bénéfique – même si les apparences sont tout autre – développera une confiance et une positivité qui ne feront qu'entretenir et nourrir cette croyance et cette confiance. Plus nous voyons les « cadeaux » de la vie, plus ils viennent à nous. Plus nous percevons le positif de l'existence, plus la vie nous semble belle et lumineuse.

Cette foi-confiance dans la vie se manifeste par une attitude que l'on retrouve sous divers noms dans les sagesses et les grands courants spirituels de l'humanité : l'abandon, la quiétude, le lâcher-prise. Jésus s'adresse à ses disciples, inquiets des aléas de la vie, pour leur recommander, en termes finalement très stoïciens, de s'abandonner à la Providence : «Voyez les corbeaux, ils ne font ni semailles, ni moisson, ils n'ont ni greniers ni magasins, et Dieu les nourrit. Vous valez tellement plus que les oiseaux[5] ! » Ce thème de l'abandon à la volonté de Dieu et à sa Providence est l'un des leitmotive de la spiritualité chrétienne, mais aussi juive et musulmane. Le vrai croyant, c'est celui qui accepte la vie comme la volonté même de Dieu. L'abandon à la volonté divine le met dans un état de paix intérieure que les stoïciens appelaient l'*apatheia*, la tranquillité de l'âme, l'absence de toute agitation intérieure. Cet abandon radical, le théologien et mystique dominicain Maître Eckhart le développe au XIVe siècle en inventant la notion de *Gelassenheit* (de l'allemand *lassen*, littéralement le laisser-être). Maître Eckhart prône le «rien vouloir, rien savoir, rien avoir» comme condition de la sérénité qui, pour lui, signifie l'union à Dieu. Dans une perspective cette fois radicalement athée, on retrouve des conseils similaires chez le philosophe allemand Arthur Schopenhauer : il faut que «l'homme arrive à l'état d'abnégation volontaire, de résignation, de calme véritable et d'arrêt absolu du vouloir[6]». Schopenhauer s'est en partie inspiré de la philoso-

phie hindoue des *Upanishads*, qui prône l'acceptation du réel et la suspension de la volonté comme
condition de la libération intérieure.

Sans aller jusqu'à cette mystique de l'abandon de
toute volonté, admettons qu'il nous est impossible
d'exercer une maîtrise totale sur notre vie : les failles
par lesquelles l'impromptu surgit sont imprévi-
sibles. En voulant à tout prix contrôler cette part
d'impondérable, nous nous condamnons à vivre
dans l'angoisse permanente. Nous ne pouvons pas
non plus contrôler autrui : nous devons accepter
qu'il nous échappe toujours, y compris quand il
s'agit de son conjoint ou de son enfant. Comme
l'écrit Khalil Gibran si justement dans *Le Prophète* :
«Vos enfants ne sont pas vos enfants, ils sont les
enfants de la vie.» Nous ne pouvons pas davantage
contrôler totalement notre vie professionnelle sou-
mise à tant d'aléas externes, ni nous obstiner à vivre
dans l'illusion de stabilité et de sécurité.

Alors, faisons de notre mieux pour maîtriser ce
qui peut l'être, à commencer par nos désirs et nos
passions, mais armons-nous psychologiquement à
accepter l'imprévu, à nous y adapter et à en tirer le
meilleur parti. Les sagesses indiennes utilisent une
expression que l'on pourrait traduire par «lâcher
prise» pour qualifier cette attitude intérieure
d'abandon au réel. Mais on ne peut véritablement
lâcher prise que lorsque l'on a confiance en la vie.
La première fois que nous sommes amenés à le
faire, c'est toujours une épreuve : nous avons peur
de l'inconnu, nous sommes angoissés. Et puis l'expérience positive du lâcher-prise – détente, joie,

conscience que rien de grave ne nous est arrivé – augmente la confiance et nous aide à aller encore plus loin dans l'abandon.

1. Albert Einstein lors de son intervention au symposium *Science, philosophie et religion,* organisé à New York en 1941.

2. Lettre à Hans Muehsam, 30 mars 1954.

3. Émile Durkheim. *Les Formes élémentaires de la vie religieuse,* PUF, 1965, p. 291.

4. Épictète, *Entretiens,* 1, 6, 7-12.

5. Luc, 12, 24.

6. Arthur Schopenhauer, *Le Monde comme volonté et comme représentation,* PUF, 1966, p. 477.

3

Responsable de sa vie

Lâcher prise et acquiescer à l'être ne signifient pas qu'il faut subir sa vie et se cantonner dans une attitude de complète passivité. Accepter le donné de la vie et accueillir les imprévus de l'existence nous incitent au contraire à nous impliquer totalement. Cette implication est un mélange subtil d'abandon et d'engagement, de passivité et d'action, de réceptivité et de prise d'initiatives. La vie demande un engagement. Si nous l'abordons sur la pointe des pieds, avec la crainte de nous y investir entièrement, pleinement, nous courons vers les échecs et nos bonheurs ne seront que tièdes. Cela est vrai à tous les niveaux : un sportif ou un artiste qui aspire à s'épanouir dans sa discipline n'a pas d'autre choix que de s'impliquer de tout son être. Celui ou celle qui s'engage en hésitant dans une relation amoureuse peut être assuré que cette relation n'aboutira pas. Il en va de même sur le plan professionnel ou celui des études : lorsqu'on ne fait son travail qu'à moitié, sans vraiment s'y appliquer, on n'en tire aucune satisfaction. Une vie réussie est toujours le fruit d'un engagement, d'une véritable implication dans tous les domaines de l'existence.

Nous sommes responsables de notre vie. Il nous appartient de développer les capacités que nous avons reçues, de corriger un défaut, de réagir de manière appropriée aux événements qui surviennent, de nous lier aux autres ou de vivre repliés sur nous-mêmes. Nous sommes en charge de notre bonheur et de notre malheur. Cette attitude est aux antipodes de la position victimale malheureusement très répandue. Certaines personnes ne se sentent en effet responsables de rien : tout ce qui leur arrive est la faute des autres, de la malchance, de l'État. C'est toujours de l'extérieur que vient le mal et c'est toujours de l'extérieur qu'elles attendent la solution. Elles gémissent sur leur sort au lieu de se prendre en main, refusent de voir leur responsabilité dans ce qui leur advient et attendent systématiquement un secours de l'extérieur. Cette déresponsabilisation provient, en grande partie, d'un manque d'intériorité et de conscience de soi.

En Occident, pendant des siècles, la religion a pu servir d'alibi et nourrir cette déresponsabilisation. Nombre d'individus s'en remettaient au clergé pour expliquer la cause de leurs peines et prendre soin d'eux. Le diable était à l'origine de tous les maux, les sacrements réparaient les âmes et l'Église prenait en charge les principaux besoins sociaux : éducation des enfants, soins des malades, accompagnement des individus lors des grands moments de la vie : naissance, mariage, mort. Au cours des deux derniers siècles, l'Église a progressivement perdu cette emprise sur les consciences et sur la société, et l'État a pris en partie le relais : les écoles et les hôpitaux se sont laïcisés comme les grands rituels de la vie. C'est ainsi que pour nombre d'individus, l'État-Providence a remplacé l'Église-Providence. Ils attendent désormais tout de lui et se placent en position de victimes dès qu'un malheur arrive : tel secteur de production agricole ou industriel est en crise ? C'est à l'État de trouver des solutions, alors que les politiques publiques ne sont parfois pour rien dans une crise économique sectorielle. Une catastrophe naturelle survient ? On appelle toujours l'État à la rescousse, même si on a délibérément choisi de construire sa maison dans une zone dangereuse ou inondable. Une ex-otage n'hésite pas à demander à l'État de l'indemniser de plusieurs millions d'euros au vu du préjudice subi, alors qu'on l'avait mise en garde contre les dangers encourus et qu'elle n'en avait eu cure. Nous voyons tous les jours à l'œuvre cet esprit de victimisation-déresponsabilisation qui imprègne nos mentalités.

Le philosophe Jean-Paul Sartre a fort justement lié les notions de liberté et de responsabilité. « Nous nous revendiquons libres et nous sommes d'ailleurs liberté, a-t-il expliqué, en 1946, dans son ouvrage, *L'existentialisme est un humanisme*. Nous affirmons, y ajoute-t-il, que c'est la liberté qui donne sens à notre vie, mais nous devons alors assumer le corollaire de cette liberté qui nous ouvre à tous les possibles : la conscience du fait que la responsabilité totale de notre existence repose sur nos épaules, avec la part d'angoisse que ceci implique[1]. » Un siècle plus tôt, dans son roman *Les Frères Karamazov*, l'écrivain russe Fedor Dostoïevski avait illustré de manière saisissante cette angoisse qui pousse nombre d'individus à aliéner leur liberté à une institution toute-puissante qui prendra en charge leurs besoins primaires les plus essentiels : manger, se loger, être soigné, vivre sur un chemin moral balisé. Il se livrait à une critique radicale de l'institution ecclésiale qui a su tirer parti de cette angoisse de l'être humain pour dominer les individus en leur apportant la sécurité en lieu et place de la liberté christique, et son analyse préfigurait la montée des États totalitaires du XXe siècle. Lorsque les individus ont peur, ils abandonnent leur liberté à un pouvoir fort. Ils se déresponsabilisent totalement. À l'inverse, ceux qui sont prêts à assumer les conséquences de la liberté ont conscience qu'ils sont véritablement responsables de leur vie. Ils n'exigent pas une sorte d'« assurance tous risques » contre les aléas de la vie. Ils assument les conséquences de leurs actes et savent que la meilleure réponse à un obstacle extérieur incontournable est une réponse intérieure : un lâcher-prise qui rend l'obstacle moins lourd parce que librement accepté, mais aussi éventuellement susceptible d'être surmonté par une initiative personnelle appropriée. Ils savent que la solution est en eux et non à l'extérieur. Qu'ils sont responsables de leur bonheur présent et futur.

J'ajouterai que lorsque nous faisons l'expérience intérieure profonde de cette responsabilité, nous réalisons que nous sommes concernés par les autres de deux manières différentes. D'abord nous prenons conscience des conséquences que peuvent avoir nos actes sur nos proches. Nous avons tous fait la triste expérience d'une parole blessante proférée à la légère et qui a heurté des personnes que nous aimons. Être responsable de sa vie, c'est mesurer l'importance de nos pensées, de nos paroles et de nos actions; c'est rester éveillé, en alerte, c'est ne pas vivre dans l'inconscience. Si nous commettons une erreur, si nous agissons mal, si nous nous trompons, reconnaissons-le et essayons, autant que possible, de réparer cette erreur.

Nous sommes concernés par les autres d'une manière plus large encore, car la conscience de la responsabilité individuelle conduit à la conscience de la responsabilité collective. Sartre l'avait, là encore, souligné : « Quand nous disons que l'homme est responsable de lui-même, nous ne voulons pas dire que l'homme est responsable de sa stricte individualité, mais qu'il est responsable de tous les hommes[2]. » Cette obligation de compter avec les autres, dit-il, humanise la liberté de l'être humain et fait de sa vie un engagement pour l'humanité entière. Dans un passage émouvant de *Terre des hommes*, où il rend hommage à son ami le pilote Guillaumet, mort dans un accident d'avion, Antoine de Saint-Exupéry reprend cette idée avec ses propres mots : « Être homme, c'est précisément être responsable. C'est connaître la honte en face d'une misère qui ne semblait pas dépendre de soi. C'est être fier d'une victoire que les camarades ont remportée. C'est sentir, en posant sa pierre, que l'on contribue à bâtir le monde[3]. »

On retrouve cette notion de fraternité humaine dans de nombreux courants spirituels de l'humanité : elle est au cœur du bouddhisme et du christianisme et elle était déjà reconnue par les sages de l'Antiquité. Ainsi au IVe siècle avant notre ère, le philosophe chinois Mencius évoque la vertu d'humanité, *Ren* : « Tout homme a un cœur qui réagit à l'intolérable. [...] Supposez que des gens voient soudain un enfant sur le point de tomber dans un puits, ils auront tous une réaction d'effroi et d'empathie qui ne sera motivée ni par le désir d'être en bons termes avec les parents, ni par le souci d'une bonne réputation auprès des voisins et amis, ni par l'aversion pour les hurlements de l'enfant. Il apparaît ainsi que, sans un cœur qui compatit à autrui, on n'est pas humain[4]. »

Une phrase de l'abbé Pierre m'a profondément marqué : « On ne peut être heureux sans les autres. » On ne peut en effet être heureux sans une relation aimante à d'autres êtres humains. Mais plus profondément, le fondateur d'Emmaüs voulait dire qu'on ne peut être pleinement heureux en sachant que tant d'êtres sont dans le malheur sans rien faire pour les aider. Bien sûr, aucun humain ne peut porter toute la souffrance du monde sur ses épaules, mais le fait d'être attentifs à ceux qui souffrent et que le destin met sur notre route, d'accomplir ce qu'on peut à notre niveau pour participer au recul de la souffrance et à l'avènement d'un monde meilleur ouvre notre cœur et ne cesse de l'agrandir. C'est finalement une des conditions fondamentales d'un bonheur vrai. J'y reviendrai lorsque je parlerai de l'amour et de la compassion.

Pour ma part, je crois que lorsque nous nous sentons responsables de notre existence, nous nous sentons aussi responsables de la vie, ce bien si précieux. Nous nous engageons alors dans des causes qui dépassent notre petite sphère personnelle : nous soutenons d'autres humains qui souffrent, même à l'autre extrémité de la terre; nous nous sentons concernés par n'importe quelle dictature comme si nous avions à la subir nous-mêmes; nous nous mobilisons pour soutenir une femme qui va être lapidée en Iran et pour la libération d'un prisonnier politique en Chine, et nous nous sentons aussi touchés par le sort de la terre et de tous les êtres vivants. Nous nous battons pour la sauvegarde de la planète, pour que la terre demeure belle et viable, pour que cesse le massacre des espèces menacées et contre la torture animale. Comment peut-on aimer la vie et la détruire ? Refuser la souffrance pour soi et supporter celle des animaux ? Aimer la planète et rester indifférent au pillage dont elle est victime ? Cela m'est apparu comme une évidence dès que je me suis forgé une conscience philosophique de l'existence. C'est pourquoi je suis engagé depuis très longtemps non seulement dans des associations humanitaires, mais aussi écologiques. J'ai ainsi participé il y a plus de vingt ans à la création de l'association « Environnement sans frontières » avec Éric de Romain et Valérie Adt et j'ai publié le livre *Mal de Terre* avec Hubert Reeves qui dénonce les principales menaces pour l'avenir de la vie sur terre. Toute action en faveur de la vie, aussi minime soit-elle, est une manière de nous relier au monde et de signifier notre refus de la violence et de la destruction. Plus nous serons nombreux à agir ainsi, plus le monde aura des chances de changer.

1. Jean-Paul Sartre, *L'existentialisme est un humanisme*, Gallimard, Folio essais, 1996, p. 31.

2. *Ibid.*

3. Antoine de Saint-Exupéry, *Terre des hommes*, Le Livre de Poche, 1939, p. 59.

4. *Livre de Mencius*, II, A, 6.

4

Agir et non agir

«Nous sommes nés pour agir», s'exclame Montaigne en prélude à ses *Essais*[1]. S'engager dans la vie signifie, par définition, agir. L'être humain a besoin d'agir sur le réel pour le façonner, le transformer et il en tire satisfaction. Ce besoin est l'une de ses caractéristiques propres, un trait distinctif le différenciant des animaux qui, quand ils bâtissent leur terrier, nid ou ruche, ne répondent pas à un principe de plaisir, mais obéissent à un instinct de survie. L'homme, lui, au-delà de sa survie, a besoin de s'investir dans un travail, dans une action, dans une création : l'inactivité lui pèse, au sens littéral du terme. Elle l'écrase, l'ennuie, l'empêche de se sentir totalement lui-même. Un homme qui ne fait qu'attendre dans l'oisiveté que le temps passe vit avec un goût d'inaccomplissement ; il ne peut pas développer son humanité dans toute sa richesse. Cette particularité se révèle dès la petite enfance quand, aussitôt qu'il commence à se déplacer, même à quatre pattes, l'enfant peut passer des heures à jouer avec des objets ou des éléments qu'il déconstruit et reconstruit. Un peu plus tard, il s'investit dans les constructions de toutes sortes, comme dans celle des châteaux de sable par exemple, un jeu qui l'amuse bien plus que la plupart des jouets que l'on trouve dans le commerce, rapidement consommés, puis abandonnés. Travailler, agir sur le réel, est un élément indispensable à notre bien-être et, plus encore, à la croissance de notre être. Je n'entends pas par travail uniquement ce qui nous permet de gagner de l'argent pour vivre, mais toute tâche, toute production dans laquelle nous nous investissons : la cuisine, le jardinage, le bricolage, la couture ; une activité manuelle ou intellectuelle, une œuvre associative. En somme, tout ce qui nous permet de répondre à ce besoin essentiel à notre équilibre : agir sur le monde en le marquant de notre propre intériorité, se sentir un agent d'évolution du réel qui nous entoure. En modelant cette réalité, nous la rendons moins étrangère à notre être, à nos goûts, à nos valeurs ; nous l'apprivoisons. Un cadre imprime son savoir-faire sur les dossiers qu'il traite ; un employé s'organise et innove pour effectuer son travail dans les meilleures conditions possibles ; celui qui repeint sa chambre sait, quand sa journée est achevée, qu'elle a été productive, qu'il a agi, qu'il a avancé en faisant évoluer le réel. Son temps n'a pas été vain, il ne l'a pas «perdu». «Le travail est la seule chose délicieuse et qui suffit, écrit le philosophe Alain. J'entends le travail libre, effet de puissance à la fois et source de puissance. Encore une fois, non point subir, mais agir [...]. Ce

42

plaisir est dans tout métier car l'ouvrier invente et apprend toujours[2]. »

La plupart des courants de spiritualité et de sagesse n'ont pas été ignorants de cette vérité qu'est l'épanouissement de l'esprit par le travail. Au VIe siècle, Benoît de Nursie, le principal législateur de la vie monastique en Occident, rédigeait sa célèbre règle de vie des moines, suivie encore aujourd'hui par de nombreux ordres comme les Bénédictins, les Cisterciens et les Trappistes qui vivent dans la réclusion et la prière. Élevant le travail en valeur cardinale, le père du monachisme chrétien occidental a dénoncé l'oisiveté comme étant « l'ennemie de l'âme[3] », précisant : « C'est alors qu'ils seront vraiment moines, lorsqu'ils vivront du travail de leurs mains, à l'exemple de nos Pères et des Apôtres[4]. » Plus près de nous, au XVIIe siècle, Baruch Spinoza nomme ce besoin de travail « la puissance d'agir » qui, dit-il, « accroît la puissance d'exister ». Pour le philosophe hollandais, l'humain se réalise dans l'action, c'est-à-dire dans la capacité à engendrer des effets dont nous sommes nous-mêmes la cause ; Spinoza estime ainsi que l'action est « comme la nature même de l'homme[5] », sa seule essence. À l'inverse, la passivité est signe d'impuissance, donc d'insatisfaction. Et il affirme que la joie, un concept central de sa pensée, s'accroît naturellement quand la puissance d'agir et son corollaire, la puissance de penser, se développent chez un individu.

Le besoin de travailler, c'est-à-dire d'avoir une action sur le monde, revêt de multiples formes dont l'aboutissement ultime est, à mon avis, la créativité au sens artistique du terme. Le créateur, ou l'artiste, ne se contente pas de produire un objet utile, mais il investit cet objet de sa subjectivité, de son ressenti personnel : il va incarner dans son œuvre son *idea*, c'est-à-dire le projet, la vision qu'il porte en lui et dans laquelle d'autres vont se retrouver, car la création artistique, acte gratuit, sans « utilité » réelle, est une activité symbolique qui s'adresse au plus profond de l'être. D'ailleurs, pour la qualifier, nous utilisons le langage du cœur et de l'âme : face à une œuvre d'art, nous nous déclarons « émus », « touchés », « bouleversés ». Ce n'est pas l'usage que nous pouvons en faire qui nous interpelle mais sa dimension esthétique et symbolique gratuite. Nous sommes tous des créateurs. Nous avons tous, au plus profond de nous, une dimension artistique que nous laissons s'exprimer – ou, au contraire, que nous inhibons, souvent par crainte du jugement des autres, de ce regard dont nous redoutons qu'il ne porte pas seulement sur notre œuvre, mais aussi sur notre être profond, sur l'esprit et l'essence qui nous sont propres et qui s'expriment à travers cette œuvre.

J'ai attendu d'avoir trente ans pour oser me mettre au piano, puis d'en avoir quarante pour écrire mon premier roman, alors que ce sont deux activités artistiques que je rêvais d'exercer depuis l'enfance. Mais j'avais plus ou moins consciemment peur du jugement des autres : tant de personnes écrivent avec talent et jouent si bien du piano! Il m'a fallu faire un long travail de détachement de l'ego pour me lancer et ne plus craindre l'opinion d'autrui. Quel temps perdu à cause d'un manque de confiance en moi et d'un ego mal placé! Laissons s'épanouir le potentiel créatif qui est en nous et qui peut se manifester de manières très diverses. C'est le potentiel de l'artisan qui produit certes des tables ou des chaises à la chaîne mais qui, au fond de son atelier, crée aussi le meuble qu'il aime – et qu'il vous montrera avec une fierté et une émotion très particulières. C'est le jardinier qui, à côté de ses carrés de choux ou de carottes, va consacrer une partie de son jardin à la beauté des fleurs. Chacun de nous, à sa manière, peut s'employer à créer le beau à côté de l'utile et, ce faisant, connaîtra l'ivresse du processus créatif.

Cependant, et quels que soient les bénéfices du travail et de la création, nous devons apprendre à éviter un écueil : celui de l'hyperactivité, qui est la démesure de l'action et qui est tout aussi néfaste que l'absence d'action. Dans notre monde où tout va très vite, nous sommes stimulés en permanence, nous voulons répondre à toutes les demandes, être performants partout : au travail, au foyer, dans la vie sociale. Nous ne lâchons plus notre téléphone portable, nous vivons le nez rivé à notre ordinateur – et les enfants à leur console de jeu! Or, de la même manière que l'équilibre entre veille et sommeil nous est vital, notre être intérieur a, lui aussi, besoin de repos, de détente. Se reposer ne signifie pas seulement dormir. Se reposer, c'est aussi flâner, regarder les arbres ou les vitrines, se livrer à une occupation inutile, futile, simple, légère, non programmée, sans but ni objectif précis, dans la gratuité d'un moment où nous nous relâchons entièrement, corps et esprit. «Cette espèce de rêverie peut se goûter partout où l'on peut être tranquille, et j'ai souvent pensé qu'à la Bastille, et même dans un cachot où nul objet n'eût frappé ma vue, j'aurais encore pu rêver agréablement», écrit Jean-Jacques Rousseau dans l'un des plus beaux passages de ses *Rêveries*. Et d'expliciter en quoi consiste cet état, quand «de légères et douces idées, sans agiter le fond de l'âme, ne font pour ainsi dire qu'en effleurer la surface. Il n'en faut qu'assez pour se souvenir de soi-même en oubliant tous ses maux[6]».

Mon ami Jean-Claude Carrière, homme talentueux aux activités multiples, m'a confié un jour sa «méthode» : j'espère qu'il ne m'en voudra pas trop de la dévoiler ici. Chaque année, quand il reçoit son nouvel agenda, il l'ouvre au hasard et barre une dizaine de journées réparties au long de l'année. Des journées durant lesquelles il s'astreint à ne prendre aucun rendez-vous. Ce sont, me dit-il, des plages de temps qui lui appartiennent, vingt-quatre heures durant lesquelles il peut dormir, lire, flâner, se retrouver face à lui-même, placer ses obligations entre parenthèses. D'autres personnes préféreront regrouper ces journées-cadeaux en longs week-ends ou en quelques semaines par an de vraies vacances. Peu importe le rythme ou la modalité : l'essentiel est de savoir s'accorder des temps de répit, à notre époque où l'activité et le travail sont omniprésents. Nous craignons les moments de détente totale parce que nous les percevons comme un temps perdu. Apprenons, au contraire, à les percevoir comme du temps gagné.

C'est quelque chose que j'ai progressivement compris et mis en pratique. Ma vie professionnelle est très intense et dispersée entre des activités dans les médias et celles de recherche et d'écriture, et je dois sans cesse faire face à de multiples urgences. On me demande souvent comment je parviens à tout mener de front. Ma réponse est invariable : c'est parce que je prends aussi le temps... de ne rien faire ! J'ai vitalement besoin de nature et je passe depuis vingt ans la majeure partie de mon temps à la campagne, loin de Paris. Je me promène tous les jours dans la nature sans but précis, je regarde mon chat chahuter avec ma chienne, je lis *L'Équipe* et je joue au tennis ou au foot. Lors de ces intervalles de décompression, mon esprit se ressource, il se régénère de telle sorte que lorsque je m'installe à ma table de travail, mon efficacité est décuplée. Quel bonheur d'écrire en trois heures, dans l'enthousiasme, ce que j'aurais sans doute mis trois jours à produire en état de fatigue psychique !

S'il importe de s'engager complètement dans la vie et d'être actif, cet engagement et cette action ne peuvent se réaliser de manière féconde et profitable que grâce à une mise à distance. C'est l'un des équilibres fondamentaux de la vie.

1. Montaigne, *Essais*, I, 20.

2. Alain, *Propos sur le bonheur* I, Gallimard, «Bibliothèque de la Pléiade», 1956, p. 636.

3. Règle de saint Benoît, 48, 1.

4. *Ibid.*, 48, 8.

5. Baruch Spinoza, *L'Éthique* IV, préface.

6. Jean-Jacques Rousseau, *Les Rêveries du promeneur solitaire*, cinquième Promenade.

5

Silence et méditation

Pour prendre de la distance vis-à-vis des événements nous avons besoin de solitude et de silence. Mais nous en avons souvent peur. Dans notre monde moderne où nous vivons cernés par trop de mots et de musique, de bruit et de clameur, l'absence de sons nous apparaît angoissante. Une demi-heure sans stimulus extérieur nous inquiète : au lieu de nous réjouir de ce temps, nous nous précipitons sur notre téléphone pour être en contact avec le monde. Nous avons peur de nous retrouver seuls avec nous-mêmes, peur du silence intérieur auquel le silence extérieur ouvre la voie. Le vrai silence est celui que l'on trouve au fond de soi. Il ne consiste pas seulement à éteindre la radio ou la télévision, mais surtout à ne plus être prisonniers de nos pensées et de notre bruit intérieur, souvent encore plus parasitant que les sons provenant de l'extérieur. Vivre dans le silence ne sert pas à grand-chose si notre esprit est agité. De la même manière que notre corps réclame le repos, notre mental a lui aussi besoin de se calmer, de s'apaiser, d'échapper provisoirement aux tensions. Ce repos lui permet d'accéder à la contemplation, une activité qui est, selon le philosophe grec Aristote, «le parfait bonheur de l'homme». «Plus on possède la faculté de contempler, déclare-t-il, plus on est heureux, heureux non pas par accident mais en vertu de la contemplation même, car cette dernière est par elle-même d'un grand prix. Il en résulte que le bonheur ne saurait être qu'une forme de contemplation[1]. »

Tous les courants de sagesse ont mis en avant l'importance de la solitude et du silence intérieur pour accéder aux expériences de contemplation, au divin, à l'Absolu, à la réalisation de soi. Dans les traditions premières, la mise à l'écart provisoire intervient dans le cadre du processus initiatique, quand l'enfant doit prendre conscience du fait qu'il devient un adulte, avec toutes les responsabilités qui lui incombent désormais : ce n'est pas au milieu du groupe qu'il pourra réfléchir et se fortifier intérieurement. Elle intervient aussi avant toute prise de décision importante : le chef de la tribu ou le chamane passent plusieurs jours seuls avec eux-mêmes ou en communication avec les forces supranaturelles et se «lavent l'esprit», condition indispensable pour acquérir la lucidité nécessaire à la décision. De la même manière, après son baptême dans le Jourdain, Jésus n'entame pas immédiatement son enseignement. Suivant la tradition des prophètes bibliques, il commence par s'isoler quarante jours dans le désert. C'est seulement après cette retraite de silence et de prière qu'il entame sa prédiction. Il en va de même pour Mohamed, le prophète de l'islam qui, depuis sa tendre jeunesse, avait pris l'habitude de se recueillir dans une grotte, loin des bruits de La Mecque, le carrefour marchand de l'Arabie. C'est à l'occasion de l'une de ces retraites qu'il a reçu la révélation de la parole coranique.

Faire silence intérieurement n'est pas l'apanage des prophètes ni des maîtres en spiritualité. Cette capacité nous est donnée à tous, elle est le fruit d'un apprentissage fort accessible à travers un exercice simple, universel, répandu dans presque toutes les cultures, même s'il peut prendre des noms différents : il s'agit de la méditation. Une manière de pratiquer, particulièrement bien décrite par les bouddhistes, consiste à se placer dans un état de non-action totale, prélude à l'apaisement de l'agitation mentale. On n'y parvient pas forcément dès la première fois : ce n'est pas une raison pour abandonner, au contraire. L'exercice peut se pratiquer debout, allongé, en marchant, mais pour les débuts, mieux vaut privilégier la position assise, dans un fauteuil ou par terre. On commence par se couper du monde extérieur : si le téléphone portable est à portée de la main ou du regard, l'échec est assuré. Ensuite, il faut fermer les yeux et, le dos bien droit, se concentrant sur la respiration, laisser filer les pensées, c'est-à-dire les observer de la même manière que lorsqu'on est dans un train on observe le paysage. Derrière la fenêtre on voit une vache, puis un clocher, et on se dit simplement « voilà une vache », puis « voilà un clocher », mais quand on voit le clocher, on a déjà oublié la vache : ce n'est pas parce qu'on l'a aperçue qu'elle va nous obnubiler pendant l'heure qui suit. Les pensées se succèdent ainsi, elles sont là, on les laisse passer sans « monter » dans aucune d'entre elles. On respire profondément, calmement. Progressivement, on se détend et on entre en contact avec son corps, puis avec la profondeur de son esprit.

Une fable racontée par les maîtres du bouddhisme zen résume bien ce processus. Le méditant est comparé à une montagne, et les pensées aux nuages qui cachent la montagne. Le vent chasse les nuages couvrant la montagne, comme le souffle de la respiration va chasser les pensées. Des nuages passent, d'autres reviennent ; le vent les chasse les uns après les autres. Puis les nuages se font plus rares, moins sombres, il n'y a plus que quelques flocons perdus dans le bleu du ciel. Au bout d'un certain temps, ils disparaissent. La montagne apparaît alors dans toute sa majesté. Ainsi en va-t-il des pensées, ces nuages qui brouillent la réalité de l'esprit et empêchent le lâcher-prise intérieur, l'émergence du Soi. Comme tout exercice physique ou mental, la méditation demande à être pratiquée avec régularité afin d'être maîtrisée. C'est un exercice quotidien auquel on se livre d'abord à petites doses : cinq minutes, puis dix minutes, un quart d'heure, une heure quand on devient un méditant aguerri. Je compare souvent la méditation à la gymnastique : on commence par exécuter difficilement dix pompes avant de s'écraser au sol ; un mois plus tard, on termine ses cinquante pompes sans difficulté. De la même manière, au fur et à mesure de son entraînement, le pratiquant réussit à créer de plus en plus facilement un espace de silence intérieur et à approfondir cet espace. Méditer devient précieux, notamment dans des situations de tension, d'agitation, de stress, de peur, où on se met rapidement dans l'état de détente intérieure qu'on connaît parce qu'on l'a déjà expérimenté. Plutôt que se laisser envahir par des pensées négatives, on crée une distance avec ses émotions. Plutôt que se mettre en colère, on prend conscience de sa montée et on choisit de ne pas être mû par elle. Ou au contraire, si la situation nous y contraint, on l'exprime, mais comme un ressort positif, en la maîtrisant, avec une vraie liberté intérieure. Le maître bouddhiste japonais Taisen Deshimaru, qui a popularisé la pratique du zen en Europe à partir de la fin des années 1960, avait coutume de comparer l'esprit de chacun de nous à un verre d'eau boueuse. Il suffit, disait-il, de poser ce verre sur une table sans l'agiter pour que le liquide se décante : la boue tombe au fond du verre, l'eau s'éclaircit. La méditation, ajoutait-il, agit de la même manière : quand on cesse d'agiter notre esprit, les pensées lourdes se déposent au fond, et l'eau de la conscience se clarifie.

Il existe à côté de cette méditation « laïque » d'autres formes de méditation dont l'une à caractère plus « religieux » qui fait appel, au-delà de l'assise silencieuse, à des exercices spirituels proprement dits, et qui exigent la présence d'un guide. Dans le bouddhisme tibétain, la pratique du silence intérieur est considérée comme un simple préliminaire à d'autres pratiques plus poussées, très colorées par la culture tibétaine : prosternations, récitations de mantras, visualisations de déités. Toutes ces pratiques visent de manière ultime à libérer l'esprit de l'ignorance et à atteindre l'Éveil du Bouddha. D'une autre manière, la méditation est également présente dans les religions monothéistes. Lorsqu'ils prient, les fidèles commencent par faire silence. Ils s'isolent et se recueillent. Ce recueillement favorise la rencontre avec Dieu et, pour les chrétiens, avec le Christ. Au XIIIᵉ siècle, saint Thomas d'Aquin qualifiait l'oraison, c'est-à-dire la prière silencieuse intérieure, de «cœur à cœur avec Dieu». Je n'ai pas trouvé de plus belle formule pour qualifier la relation aimante qui s'instaure entre le croyant et le Tout Autre à partir de la simple présence silencieuse. Mais pour parvenir à cet état de contemplation, les croyants ont besoin d'apprendre à calmer leur mental, à accéder à cet état de silence intérieur qui favorise le contact avec le divin. C'est pourquoi de plus en plus de juifs, de chrétiens et de musulmans apprennent les bases de la méditation bouddhiste. J'ai rencontré plusieurs moines bénédictins qui sont allés s'initier à la méditation au Japon et en ont retiré les meilleurs fruits pour leur vie spirituelle chrétienne.

Je pratique moi-même la méditation depuis l'âge de vingt ans, en ayant acquis les techniques auprès de lamas tibétains dans les régions himalayennes. Depuis, j'essaie de méditer tous les jours. Je reconnais que, certains jours, ma séance de méditation ne dépasse pas cinq minutes. D'autres fois, en revanche, elle peut durer plus d'une heure. La méditation m'aide à me ressourcer intérieurement, à prendre de la distance avec mes émotions. Cette pratique est d'ailleurs l'une des clés de mes très nombreuses activités : je ne pourrais pas réussir à gérer mon emploi du temps sans faire le vide en moi, sans décoller littéralement mon esprit – ne serait-ce que de manière fugace – de la paroi du monde, de l'agitation, des soucis quotidiens. Méditer ne revient pas à perdre du temps mais, au contraire, à en gagner. De la même manière qu'il nous faut nous détendre pour mieux rebondir dans la vie, la méditation nous permet d'accomplir toutes nos tâches avec plus d'acuité, de justesse, de précision. Je pense à deux personnages célèbres témoignant à merveille de la fécondité de cette entreprise : saint Vincent de Paul et le dalaï-lama. Prêtre catholique, Vincent de Paul a fondé au XVIIe siècle un nombre incalculable d'œuvres pour venir en aide aux pauvres, aux malades, aux victimes des guerres ; il a également été le fondateur d'un hospice pour les personnes âgées, hospice qui deviendra l'hôpital de la Salpêtrière, à Paris. Il trouvait aussi le temps de visiter les galériens et les prisonniers tout en étant le confesseur de la reine Anne d'Autriche, l'aumônier de la reine Marguerite de France et le précepteur des neveux de l'archevêque de Paris. Appelé au chevet du roi Louis XIII pendant sa maladie, il en a recueilli le dernier soupir. Comment faisait-il pour mener de front toutes ces activités ? La question lui étant souvent posée, il répondait qu'il lui suffisait de commencer ses journées par quatre heures d'oraison. Rempli de Dieu, ajoutait-il, il pouvait alors donner Dieu à tout le monde. Il en va de même pour le dalaï-lama, un homme d'une grande humanité, que j'ai eu la chance de rencontrer plusieurs fois et qui m'a toujours frappé par sa douceur, son attention aux autres, sa disponibilité. Pourtant, il passe sa vie à courir le monde, multipliant les activités politiques, culturelles, spirituelles et les rencontres avec les grands de la planète ainsi qu'avec les simples fidèles. Il m'a un jour livré le secret de son hyperactivité : quatre heures de méditation par lesquelles il commence toutes ses journées.

---

1. Aristote, *Éthique à Nicomaque*, Livre X, 7 (Sur la contemplation).

6

Connaissance et discernement

Le Bouddha et Socrate, entre autres sages, n'ont cessé de répéter cette vérité : l'ignorance est la cause de tous les maux. Comment peut-on construire sa vie sans connaissance et sans discernement ? Nous sommes tout le temps appelés à distinguer, à différents niveaux, le bien du mal, le vrai du faux, le juste de l'injuste, le positif du négatif. À un stade élémentaire, d'ailleurs bien plus développé chez les animaux que chez les humains, le discernement est instinctif : un animal « sait » d'emblée ce qui est bon et ce qui est mauvais pour sa survie et celle de son espèce. Nous disposons aussi de cet instinct animal, même si, avec l'éducation et la socialisation, nous nous en méfions parfois, nous obstinant à suivre un chemin ou à fréquenter des individus dont notre « premier instinct » nous avait détournés. Certaines personnes, il est vrai, ont une intelligence instinctive particulièrement forte, mais cet instinct ne suffit pas à déployer l'être humain dans sa pleine humanité. Ce qui nous rend complets, c'est la raison, cette faculté de réfléchir, de croiser les données et d'agencer les connaissances, de les analyser sous plusieurs angles avant de prendre une décision. C'est ce que j'appelle notre capacité de discernement raisonné qui, à la différence du discernement instinctif, n'est pas inné mais acquis par l'expérience et par les connaissances. Apprendre à discerner est l'une des choses les plus importantes que nous ayons à faire dans notre vie, et cela requiert un savoir, une conscience, une réflexion personnelle. C'est le but même de la philosophie, dont l'étymologie signifie « l'amour de la sagesse », et dont on peut dire qu'elle consiste à rechercher la vérité. Cette quête de connaissance n'est pas primordiale pour survivre – nous connaissons tous des personnes accrochées à des idées fausses, des préjugés, des *a priori*, qui assouvissent néanmoins correctement les besoins les plus sommaires de l'existence –, mais elle est indispensable pour celui qui veut mener une existence authentiquement humaine, qui cherche à s'élever au-dessus de la simple animalité, en quête du beau, du juste, du vrai, du bien. Comme le souligne le philosophe allemand Hegel, cette quête de connaissance est en même temps une quête de liberté : « L'ignorant n'est pas libre parce qu'il se trouve en présence d'un monde qui est au-dessus et en dehors de lui, dont il dépend, sans que ce monde étranger soit son œuvre et qu'il s'y sente comme chez lui. La recherche du savoir, l'aspiration à la connaissance, depuis le degré le plus bas jusqu'au niveau le plus élevé, n'ont pour source que ce besoin irrésistible de sortir de cet état de non-liberté, pour s'approprier le monde par la représentation et la pensée[1]. »

Le grand paradoxe de la connaissance philosophique, et qui constitue son point de départ, c'est qu'il faut commencer par désapprendre. Il faut mettre en doute toutes nos certitudes acquises sans réflexion critique personnelle par le biais de l'éducation familiale, de la religion, de la société. Car si certaines vérités sont ainsi transmises, des erreurs et des préjugés sont aussi véhiculés. Chaque époque, chaque pays, chaque culture, chaque famille transmet son lot de visions limitées ou erronées du réel. La reconnaissance de notre propre ignorance est donc au fondement même de la quête de la sagesse. Socrate l'a fort bien exprimé : « Je ne sais qu'une chose, c'est que je ne sais rien[2] », répétait-il à satiété, déstabilisant ainsi ses interlocuteurs et les obligeant à remettre eux aussi en doute leurs propres certitudes. Sa manière d'enseigner était aux antipodes de la transmission d'un savoir dogmatique : il ne cessait d'interroger ses interlocuteurs pour leur montrer leur ignorance ou les contradictions de leur discours. Par cette déstabilisation, il les amenait à réfléchir sans préjugés. À l'image de sa mère qui était sage-femme, Socrate se voulait un accoucheur des esprits. Il paiera de sa vie cette approche critique radicale qui remettait en cause bien des préjugés de son temps et de sa cité.

De nos jours encore, malgré les progrès de la connaissance et de l'éducation philosophique, nombre d'individus préfèrent se fier aux préjugés et refusent d'interroger de manière critique ce qu'ils ont appris enfants. Pour certains, sans doute s'agit-il de paresse intellectuelle. Pour d'autres, c'est la peur d'être déstabilisés, de devoir remettre en cause des choix de vie, et aussi la crainte de se marginaliser vis-à-vis du groupe, de la famille, du clan. Car si la quête de la vérité rend libre, elle rend aussi solitaire. Elle défait les liens naturels et archaïques qui reposent souvent sur un consensus « non dit » de valeurs et de croyances partagées. C'est d'ailleurs pourquoi Jésus affirmait : « Je ne suis pas venu apporter la paix, mais le glaive. Je suis venu séparer l'homme de son père, la fille de sa mère, la belle-fille de sa belle-mère : on aura pour ennemis les gens de sa propre maison. Celui qui aime son père ou sa mère plus que moi n'est pas digne de moi ; celui qui aime son fils ou sa fille plus que moi n'est pas digne de moi[3]. » Sa parole divisait les familles : certains croyaient en lui, d'autres non. Le philosophe, le chercheur spirituel qui refuse de croire les apparences parfois trompeuses, les fausses évidences et les préjugés dominants doit assumer une certaine solitude mais aussi parfois faire face à l'hostilité de ses proches, encore prisonniers de leur ignorance.

Platon, le principal disciple et interprète de Socrate, l'a fort bien illustré dans son allégorie de la caverne qu'il narre dans le livre VII de *La République*. Des hommes, raconte-t-il dans ce mythe, sont enchaînés depuis toujours dans une caverne dont ils ignorent l'entrée. Un feu les éclaire, ils sont séparés de la route extérieure par un muret, semblable à un théâtre de marionnettes, derrière

lequel passent des porteurs transportant des statues. Les hommes ne voient même pas les statues :
ils leur tournent le dos. Ils n'en aperçoivent que
leurs ombres, projetées sur la paroi qui leur fait
face : ils n'ont jamais rien vu d'autre que ces ombres,
et sont donc persuadés que c'est là toute la réalité
du monde. Platon imagine que l'un des prisonniers
réussit à se délivrer de ses chaînes, sort de la
caverne, voit le monde tel qu'il est, et «guérit de son
ignorance» (515c). Que fera-t-il, s'il doit cependant
retourner dans sa caverne et reprendre sa vie d'en-
chaîné? Ses compagnons se moqueront de lui et
refuseront certainement de vivre la même expérience, préférant, à l'inconnu, ces ombres qu'ils sont
habitués à voir, aussi limitées et trompeuses soient-
elles. «Et si quelqu'un tente de les délier et de les
conduire en haut, et qu'ils puissent le tuer, ne le tue-
ront-ils pas?» (517).

C'est cette lumière de la connaissance qui nous
aide à discerner, à effectuer le choix juste en tenant
compte de tout le spectre de la réalité, plutôt que
nous laisser guider aveuglément par nos instincts et
nos traditions. Il ne s'agit pas, entendons-nous bien,
de rejeter en bloc les valeurs qui, pendant des
siècles, ont gouverné nos sociétés. En Occident, ces
valeurs étaient chrétiennes, et elles étaient données
comme l'expression de la loi divine, un code fondamental, indiscutable et indépassable. Il en va de
même dans les autres sphères de civilisations, régies
par d'autres religions. Toutes les traditions religieuses du monde ont transmis un certain nombre

de codes et de valeurs fondamentales : l'interdiction du meurtre, du vol, du mensonge, de l'inceste. Ce n'est pas leur rejet que je prône, mais leur appropriation intime par chacun d'entre nous. De fait, dans nos sociétés contemporaines – et je pense que ceci est le propre de la modernité – nous ne nous contentons plus des arguments d'autorité. « Nous sommes devenus adultes », pour reprendre l'expression du philosophe allemand Emmanuel Kant, et nous avons besoin de comprendre la raison d'un interdit et sa justesse avant de l'appliquer. Ainsi, les traditions religieuses véhiculent des vérités universelles, mais aussi des préjugés, par exemple des interdits alimentaires liés à une culture ancienne qui n'ont aujourd'hui souvent plus lieu d'être. Interrogeons-les. D'autre part il me semble nécessaire de considérer chaque situation au cas par cas alors que les religions ont tendance à absolutiser les règles. Prenons l'exemple de l'avortement, condamné par toutes les religions. En soi, il s'agit évidemment d'un acte négatif puisqu'il empêche le développement d'une vie. Néanmoins, une situation personnelle particulière peut transformer cet acte négatif en moindre mal, et je crois que c'est à chacun de faire preuve de discernement avant d'adopter la décision qu'il juge la plus juste, en fonction de différents paramètres. Ce jugement collectif qui ne tient pas compte des situations particulières, situations qui peuvent rendre cet acte nécessaire, est regrettable. Toutefois, je trouve, parallèlement, tout aussi regrettable l'attitude contemporaine qui tend parfois à banaliser l'avortement dans les discours publics. Le discernement consiste à tenir compte de l'importance de cet acte et de ses conséquences, et, en pleine conscience, de choisir la voie la plus juste compte tenu de tous les facteurs affectifs, émotionnels, matériels relatifs à une situation donnée. Il est évidemment plus facile de suivre sans réfléchir les croyances sociales ou religieuses dominantes que de se forger une conviction personnelle.

1. Hegel, *Esthétique*, Flammarion, « Champs », 1984, p. 147.
2. Platon, *Théétète*, 150c.
3. Matthieu, 10, 34-35.

7

Connais-toi toi-même

Le travail de discernement et de recherche de la vérité dont je viens de souligner l'importance exige non seulement un apprentissage et une connaissance du monde, mais aussi une véritable connaissance de soi. Héraclite, le penseur d'Éphèse, affirmait déjà au début du Vᵉ siècle avant notre ère : « Il faut s'étudier soi-même[1] ». On se souvient aussi de la célèbre maxime de Socrate : « Connais-toi toi-même. » Il ne l'avait pas inventée, mais reprise du temple d'Apollon, à Delphes, dont Platon affirme qu'elle ornait le fronton, et elle est devenue l'emblème de sa quête. Le philosophe athénien n'interrogeait pas ses interlocuteurs sur des questions métaphysiques abstraites, mais il les accouchait d'eux-mêmes. Et, au-delà de leur individualité, à travers l'homme singulier, c'est à la nature humaine qu'il voulait accéder. Il estimait que lorsqu'un individu plonge dans sa nature profonde, lorsqu'il s'élève de ce fait au-delà de ses préjugés et de ses passions, il peut toucher au « vrai », à ce qui fonde l'humain : le vrai courage, la vraie justice, la vraie bonté. Le Bouddha ne disait rien d'autre en affirmant : «Quand la vraie nature des choses devient claire pour le méditant, tous ses doutes disparaissent, parce qu'il réalise quelle est cette nature et quelle est sa cause[2].» Une nature unique, qui se situe au-delà des identités individuelles et qui rattache chacun d'entre nous à l'humanité entière. Se connaître soi-même, c'est alors connaître l'humanité, mais aussi le cosmos et le divin qui se dévoile au plus intime de soi. La maxime complète inscrite sur le temple d'Apollon le dit explicitement : «Connais-toi toi-même et tu connaîtras l'univers et les dieux.» Ce qu'un contemporain chinois de Socrate, Mencius, a aussi fort bien formulé : «Celui qui va jusqu'au bout de son cœur connaît sa nature d'homme. Connaître sa nature d'homme, c'est alors connaître le ciel[3].»

La culture contemporaine a tendance à réduire les objectifs de la connaissance de soi aux thématiques du développement personnel : on apprend à se connaître pour dominer ses émotions, pour mieux gérer sa vie au quotidien. Cet objectif est certes excellent, mais aussi quelque peu réducteur. Il est important de comprendre qu'en apprenant à se connaître soi-même on accède à une perception plus universelle de la nature humaine. Pour les philosophes de l'Antiquité, nous venons de le voir, le travail sur soi était aussi un laboratoire d'humanité. La tension entre le bien et le mal qu'ils expérimentaient pour eux-mêmes leur apprenait de quelle manière le combat entre le bien et le mal se joue dans le cœur de tout être humain. Cette exploration a pris un nouveau visage dans le monde moderne à travers la littérature. Les chefs-d'œuvre de Balzac, de Stendhal, de Flaubert ou de Proust offrent des analyses extrêmement poussées de l'âme. À travers la psychologie d'un Père Goriot, d'une Madame Bovary ou d'un Julien Sorel s'expriment la complexité de l'humain, sa grandeur et ses petitesses, ses aspirations contradictoires, la force de l'amour, la capacité de détruire... La littérature moderne permet à nombre d'individus d'apprendre à se connaître et à connaître l'homme à travers les personnages romanesques. J'avoue que les romans ont beaucoup compté dans mon adolescence et m'ont certainement, au même titre que la philosophie, aidé à mieux me connaître et à comprendre la nature humaine. Aujourd'hui, lorsque j'écris mes propres romans, je parle naturellement de moi et, à travers moi, de l'humanité.

L'exploration de soi peut s'exercer aussi à la manière des Anciens, à travers un travail pratique d'introspection rationnel pour lequel nous disposons de divers outils, des instruments qui nous aident à répondre à la grande question du « qui suis-je ? », en passant par des interrogations existentielles plus concrètes : « Quelles sont mes motivations ? », « Pourquoi j'agis de telle manière ? », « Pourquoi ai-je une répulsion pour telle ou telle catégorie d'individus ? » Tout au long de ce travail, il importe de ne pas perdre de vue que nous avons tous des répulsions, des attirances, des préjugés et des parts d'ombre ; ce travail exige de ce fait beaucoup d'humilité : nous allons découvrir toutes les misères et les potentialités de destruction qui résident à l'intérieur de nous.

Lorsque je me suis livré à ce travail, par des biais aussi divers que la spiritualité bouddhiste et chrétienne ou la psychanalyse et la Gestalt-thérapie, j'ai éprouvé un choc en prenant conscience des pulsions négatives et destructrices qui m'habitaient. J'ai réalisé que j'avais des penchants violents, des pulsions qui, dans un autre contexte et avec une autre éducation, auraient peut-être pu faire de moi un criminel. Du coup, j'ai « compris » ceux qui passent à l'acte de manière destructrice, et si je continue de réprouver leurs actions, je suis mieux à même de comprendre ceux qui ont cédé à leur part d'ombre faute de digues. « Ne jugez pas[4] », dit Jésus. J'ai réellement compris cette injonction après avoir effectué ce travail sur moi. J'ai réalisé que si je juge autrui, je me juge moi-même en premier, puisque j'abrite les tendances inavouables que je suis en train de juger. Si nous apprenons à nous connaître en vérité, nous devenons plus compatissants et l'image idéalisée que nous avons de nous-mêmes va s'écrouler. Cela peut être insupportable tant que l'on n'entre pas dans l'acceptation de ce qui est. Une acceptation qui est l'indispensable premier pas vers la transformation. S'idéaliser soi-même, idéaliser son clan ou sa nation, a pour conséquence de rejeter le mal sur l'extérieur. C'est ainsi que se légitiment presque toutes les guerres.

Divers outils, philosophiques, psychologiques ou plus proprement religieux, accessibles à tous, sont là pour nous aider à entamer l'analyse d'introspection, pour aller toujours plus loin dans le questionnement. D'autres nous permettent de développer la capacité de nous connaître et de nous accepter en passant par la conscience du corps en harmonie avec la conscience de l'esprit. Ils empruntent le chemin de l'expérience sensorielle et émotionnelle vécue sans jugement et sans *a priori*. Tout cela nous aide à faire sauter les verrous, les préjugés, l'ego qui nous barrent l'accès à la compréhension de ce que nous sommes vraiment.

L'un des instruments cognitifs est ce que l'on pourrait appeler le « journal intime », récapitulation quotidienne, de préférence écrite, sinon mentale, des actes et des pensées de la journée. Dans la Grèce ancienne, Épictète recommandait à chacun de ne pas s'endormir avant de s'être posé ces questions essentielles : « Ai-je négligé quelque chose de ce qui contribue à la félicité, et qui plaît aux dieux ? Ai-je commis quelque chose contre l'amitié, la société, la justice ? Ai-je omis de faire ce que doit faire un homme de bien[5] ? » Cet exercice a été repris dans la tradition chrétienne, notamment par Ignace de Loyola, le fondateur de l'ordre jésuite, qui explique qu'on apprend à « conserver les fruits recueillis[6] » au fil des exercices « d'examen de conscience » dont il préconisait deux séances par jour – et la mise en comparaison, semaine après semaine, des progrès effectués.

Quelles que soient les méthodes utilisées, le travail introspectif peut bien entendu se faire seul, mais également avec l'aide d'un guide. Socrate était un guide inimitable et finalement, depuis la fin de l'Antiquité, peu d'autres philosophes ont joué ce rôle direct d'éveilleurs de conscience auprès de leurs disciples. La philosophie en Occident a en effet progressivement perdu son caractère de sagesse pour devenir un savoir théorique et les rares philosophes qui ont été d'authentiques sages, comme Spinoza, Montaigne ou Schopenhauer, n'ont pas eu de disciples directs.

Il en va tout autrement en Orient où la circulation de la sagesse se fait depuis plus de deux millénaires par une transmission ininterrompue de maître à disciple. Le maître spirituel est là non pas seulement pour léguer un savoir, mais aussi les modalités d'une expérience que le disciple doit faire par lui-même. Il donne une méthode de travail sur soi et en vérifie le bon usage. Il joue aussi, bien souvent, un rôle plus déterminant, lorsqu'il incarne aux yeux de ses disciples un être ayant atteint le sommet de la vie spirituelle : la libération. Le disciple « vénère » alors son maître comme une manifestation du divin ou de l'Absolu et se relie à lui de manière plus affective. Ce qui peut entraîner bien des désillusions et de nombreux abus lorsque le maître n'est pas à la hauteur et profite de la confiance que ses disciples mettent en lui. Un certain nombre de pseudo-maîtres indiens ont connu ce type de dérive avec des disciples occidentaux crédules dans la seconde moitié du xxe siècle, à tel point que le beau nom de Guru (on prononce gourou), qui signifie « ami spirituel », est devenu pour nous synonyme d'escroc spirituel et de manipulateur d'âmes. Le choix d'un maître exige donc un grand discernement, et nombre d'Occidentaux peu conscients d'eux-mêmes projettent sur des personnages exotiques et charismatiques – gurus indiens, lamas tibétains, maîtres zen japonais, chamanes indiens – des attentes infantiles qui les mettent en situation de dépendance affective à l'égard d'individus pas toujours accomplis ou bien intentionnés. J'ai ainsi connu un lama tibétain qui avait des rapports sexuels avec la plupart de ses jolies disciples sous prétexte d'initiations tantriques, et il fallait parfois plusieurs années aux ingénues pour prendre douloureusement conscience qu'elles avaient été utilisées à des seules fins de plaisir sexuel. Ce type de dérive a aussi longtemps existé dans le monde chrétien avec des confesseurs et des pseudo-directeurs de conscience qui étaient des véritables pervers. Les affaires de pédophilie qui éclaboussent l'Église catholique sont là, hélas, pour nous le rappeler. Au regard du message des Évangiles, la présence d'un guide spirituel dans le christianisme apparaît d'ailleurs moins évidente que dans les traditions orientales, puisque le Christ est le vrai maître spirituel, auquel les chrétiens se relient par la prière. Il s'est présenté lui-même comme « le chemin, la vérité et la vie[7] ». Fondamentalement, la foi chrétienne n'est pas une croyance dans les dogmes, mais un lien vital qui unit le fidèle au Christ et, à travers lui, au Dieu ineffable. Le véritable directeur de conscience est l'Esprit saint, envoyé par le Christ après son départ de ce monde : « L'Esprit de vérité, quand il viendra, il vous introduira, lui, dans la vérité tout entière[8]. » Le chrétien est un disciple du Christ qui tente de faire la volonté de Dieu en étant à l'écoute de l'Esprit. Et c'est à travers la prière silencieuse, l'oraison, qu'il entre au plus profond de lui-même pour écouter la voix de sa conscience éclairée par l'Esprit de Dieu.

À l'âge de dix-neuf ans, quelques années après avoir été éveillé au questionnement philosophique par la lecture de Platon et la découverte du bouddhisme, j'ai eu un choc mystique en lisant les Évangiles. J'avais déjà vécu des expériences intérieures bouleversantes dans la nature, des sentiments de joie pure. Mais pour la première fois j'ai vécu une expérience de cet ordre en lien avec le Christ. J'ai été touché au plus intime de mon être par sa présence aimante et lumineuse. J'ai revécu plusieurs fois par la suite cette expérience. Tout en poursuivant mes études de philosophie, j'ai cherché à approfondir ma foi. C'est ainsi que j'ai eu la chance de rencontrer à vingt ans un religieux dominicain, le père Marie Dominique Philippe, qui était mon professeur de philosophie grecque à l'université de Fribourg, en Suisse. Il a été mon père spirituel pendant plusieurs années et, désireux de vivre l'Évangile de manière radicale, je me suis même engagé quelque temps dans une jeune communauté religieuse qu'il avait fondée. Or, il ne m'a jamais donné le moindre conseil personnel autre que celui-ci : « Priez l'Esprit saint de vous éclairer. » J'ai donc pris l'habitude de lire l'Évangile et de prier plutôt que de suivre l'avis des clercs et, bien que chrétien, je ne partage pas l'avis de l'Église sur certains points essentiels du dogme et de la morale, ce qui déstabilise nombre de catholiques conservateurs qui préfèrent la contradiction d'un athée comme Michel Onfray à celle d'un électron libre du christianisme. À l'inverse, le fait de me dire chrétien me rend suspect auprès d'un certain nombre d'individus allergiques au christianisme ou pour qui la foi limite nécessairement la capacité de penser librement. Comme je l'évoquais plus haut, une quête philosophique et spirituelle rigoureuse nous éloigne de toute certitude confortable et de tout clan. La solitude, et parfois la critique acerbe, sont le prix à payer pour la liberté et la fidélité à la voix de sa conscience intime, plutôt qu'à une tradition, aussi vénérable soit-elle, ou à une mode dominante.

1. Cité par Diogène Laërce, IX, 5.
2. *Vinaya Mahavagga* 1, 3.
3. *Livre de Mencius* VII, A.
4. Matthieu 7, 1 ; Jean 7, 24.
5. Épictète, *Pensées et entretiens*, IV, 23.
6. Ignace de Loyola, *Exercices spirituels*, 18e annotation.
7. Jean 14, 6.
8. Jean 16, 13.

8

L'acquisition des vertus

Dans les chapitres précédents, j'ai insisté sur l'importance du développement de nos facultés de discernement, sur la nécessité d'une constante recherche de la vérité, sur les techniques de connaissance de soi. Ces « tâches », si je peux les appeler ainsi, relèvent essentiellement de l'intelligence : ce sont, en effet, l'intelligence et la raison qui nous permettent de les mener à bien. La raison est nécessaire pour connaître et discerner, mais connaissance et discernement ne suffisent pas à édifier une vie bonne et juste. Car l'édification d'une « vie bonne », au sens où l'entendaient les philosophes de l'Antiquité, implique aussi une mise en œuvre de la volonté qui permet l'acquisition des vertus morales.

La vertu, explique Aristote dans l'*Éthique à Nicomaque* – un livre que tout lycéen de terminale devrait lire –, est l'exacte « juste mesure » entre les extrêmes qui sont nuisibles. Les vertus, explique-t-il, « sont naturellement sujettes à périr à la fois par excès et par défaut », elles sont une « médiété entre deux vices ». Et d'illustrer cela par des exemples concrets : « Celui qui fuit devant tous les périls, qui a peur de tout et qui ne sait rien supporter devient un lâche, tout comme celui qui n'a peur de rien et va au-devant de n'importe quel danger devient téméraire ; pareillement encore, celui qui se livre à tous les plaisirs et ne se refuse à aucun devient un homme dissolu, tout comme celui qui se prive de tous les plaisirs comme un rustre devient une sorte d'être insensible. Ainsi donc la modération et le courage se perdent également par l'excès et par le défaut, alors qu'ils se conservent par la juste mesure[1]. » La vertu est, en somme, le point d'équilibre qui nous permet de poser, par l'usage de notre volonté, des actes justes, loin de l'excès et de l'ascèse qui sont aussi nuisibles l'un que l'autre.

Cette affirmation est confirmée par l'expérience du Bouddha. Comme je l'ai déjà raconté, après avoir fui le palais princier de son père pour partir en quête de la Vérité, il commence par rejoindre les ascètes les plus stricts, ceux qui cherchent la délivrance en s'infligeant les plus redoutables mortifications. À leurs côtés, le Bouddha frôle la mort à force de privations et de souffrances, il n'atteint pas la délivrance mais, au contraire, disent les textes, se retrouve dans un état d'affaiblissement tel qu'il en devient incapable de se livrer à la méditation. Il décide d'abandonner cette voie extrême dont il constate la vacuité, recommence à se nourrir avec modération et à ne plus s'infliger de tortures. Une nuit, il accède à l'Éveil. Il entamera ainsi son premier sermon, prononcé à Bénarès : « Un moine doit éviter deux extrêmes. Lesquels ? S'attacher aux plaisirs des sens, ce qui est bas, vulgaire, terrestre, ignoble et qui engendre de mauvaises conséquences, et s'adonner aux mortifications, ce qui est pénible, ignoble et engendre de mauvaises conséquences. Évitant ces deux extrêmes, ô moines, le Bouddha a découvert le chemin du milieu qui donne la vision, la connaissance, qui conduit à la paix, à la sagesse, à l'éveil et au nirvana[2]. » Il ne cessera par la suite de prêcher ce que l'on appellera « la voie du Milieu », la seule apte à nous libérer du cycle du samsara pour atteindre l'Éveil.

J'ai moi-même été amené à pratiquer une vie ascétique dans le cadre de la communauté religieuse que j'avais rejointe. En réprimant une part de mes besoins profonds – la tendresse, la sensualité, le besoin d'organiser mes journées selon mon rythme personnel –, je vivais dans une tension qui a fini par nuire à ma vie spirituelle. J'ai connu à d'autres moments des périodes où je me suis adonné à tous les plaisirs : je n'étais finalement pas plus heureux. J'ai réalisé par ma propre expérience que le vrai bonheur réside dans le juste milieu. Quelque part à mi-chemin entre l'assouvissement des désirs et leur contrôle total. Ce constat est valable à tous les niveaux. J'adore le chocolat, mais j'ai appris à m'arrêter avant la crise de foie et je me contente d'un seul verre de bon vin, sachant que mon corps supporte difficilement le second !

Quelles sont les différentes vertus que nous serions appelés à mettre en œuvre ? Dans son école, qui était une sorte de monastère, fondée au VIᵉ siècle avant notre ère, Pythagore sélectionnait sévèrement les étudiants qu'il formait ensuite à ces qualités supposées constituer l'honnête homme grec : l'austérité, le courage, la modération, la maîtrise de soi. Aristote affinera le descriptif de ces vertus et en retiendra quatre : la prudence, la tempérance, le courage et la justice. C'est ce qu'on appellera ensuite les vertus cardinales. La prudence, en grec la *phronèsis*, signifie la capacité de bien discerner ce que l'on doit faire. Autrement dit, c'est la vertu qui va nous permettre de trouver les moyens justes pour atteindre notre fin. Il s'agit, selon Aristote, au même titre que la sagesse et l'intelligence, d'une vertu « intellectuelle », qui « dépend dans une large mesure de l'enseignement reçu, aussi bien pour sa production que pour son accroissement. Aussi a-t-elle besoin d'expérience et de temps ». La prudence est la vertu clé, insiste-t-il. Les trois autres vertus principales, la tempérance, le courage et la justice, relèvent de la volonté : ces vertus morales sont « le produit de l'habitude ». De toute manière, ajoute-t-il, « il est évident qu'aucune des vertus morales n'est engendrée en nous naturellement[3] ». Elles s'acquièrent et se cultivent au cours de l'existence, mais elles nous sont indispensables puisque le bonheur, affirme-t-il encore, dans la tradition de la philosophie gréco-latine n'est autre qu'« une activité de l'âme conforme à la vertu[4] ».

L'association entre vertu et bonheur n'est pas propre à Aristote. La morale stoïcienne se fonde sur ce même principe. Au début du Ier siècle, le Latin Sénèque affirme ainsi que la joie réside « dans la conscience tournée vers le bien, dans les intentions qui n'ont d'autres objets que la vertu, les actions droites[5]» régies par la tempérance. C'est seulement en étant vertueux, et en acceptant l'ordre du monde, donné d'avance et inexorable, que nous pouvons être heureux. Être vicieux et se rebeller ne peut, selon les stoïciens, que conduire au malheur et à la souffrance : «La vie heureuse est donc celle qui est en accord avec sa propre nature[6]» et celle du monde, résume Sénèque.

En Orient, le Bouddha insiste aussi sur l'importance du développement des vertus. Le plus long de ses sermons, le *Sigalovada sutta* ou sermon de Sigala, est consacré à la morale laïque. À un jeune homme, Sigala, qu'il voit procéder à un curieux rituel religieux transmis par son père, le Bouddha enseigne plutôt les règles auxquelles chacun doit se conformer pour s'accomplir dans cette vie. Il lui énumère les vices à éradiquer, la conduite à tenir devant ses parents, ses maîtres ou ses amis, et surtout les quatre causes qui poussent chacun à commettre de mauvaises actions : la partialité, l'hostilité, la stupidité et la crainte. La tradition bouddhiste publiera des centaines de traités sur les vertus et les vices, balisant un chemin de conduite éthique. Les enseignements tibétains, par exemple, évoquent les quatre vertus de la parole : ne pas mentir, ne pas avoir de parole blessante, ne pas avoir de parole de discorde et ne pas avoir de parole futile.

La morale chrétienne a repris les quatre vertus cardinales d'Aristote et y a ajouté les trois vertus théologales, c'est-à-dire celles qui ont Dieu pour objet : la foi, l'espérance et l'amour. Paul les cite dans sa première Épître aux Corinthiens, et il ajoute : « Mais l'amour est le plus grand[7]. » Comme les vertus morales, ces vertus se développent par leur mise en pratique régulière, mais ici la volonté humaine ne suffit pas : elles requièrent aussi le concours de la grâce divine pour naître et se développer dans l'âme.

Les traditions philosophiques et spirituelles, mais aussi l'expérience individuelle, montrent que les vertus sont comme une graine enfouie dans la terre et qui a besoin d'eau, de soleil et de soins, sinon elle ne donnera jamais une plante ni, *a fortiori*, un arbre et des fruits. Le point de départ, qui paraît couler de source mais qu'il convient de rappeler, c'est que pour devenir vertueux il faut d'abord en avoir le désir. Comme le dit Maïmonide, le grand penseur juif du XIIe siècle : « Tout homme a la possibilité d'être un juste [...] ou un méchant, un sage ou un sot [...]. Il n'est personne qui le contraigne ou prédétermine sa conduite, personne qui l'entraîne dans la voie du bien ou du mal. C'est lui qui de lui-même, et en pleine conscience, s'engage dans celle qu'il désire[8]. » Il peut y avoir des passions que nous n'avons pas envie de réguler, des désirs que nous souhaitons assouvir sans limites. C'est lorsque nous constatons que ces passions nous rendent malheureux ou malades que nous décidons de les maîtriser. Cependant – et cela m'est souvent arrivé –, il y a des périodes de la vie où nous savons qu'il faudrait changer telle mauvaise habitude ou tel comportement néfaste mais, malgré cela, nous ne le faisons pas. Nous n'avons pas envie d'être vertueux. Si toutefois nous décidons de transformer cette habitude, il convient alors de s'engager dans la voie vertueuse, car c'est en pratiquant la vertu que celle-ci va prendre racine et devenir un *habitus* – traduction latine du mot grec *hexis* –, une qualité stable. Aristote l'exprime fort bien : « Ce n'est ni par nature, ni contrairement à la nature que naissent en nous les vertus, mais la nature nous a donné la capacité de les recevoir, et cette capacité est amenée à maturité par l'habitude », dit-il en comparant les vertus à un art dont la possession « suppose un exercice ». Et il cite l'exemple suivant : « C'est en construisant qu'on devient constructeur, et en jouant de la cithare qu'on devient cithariste. Ainsi encore, c'est en pratiquant les actions justes que nous devenons justes, les actions modérées que nous devenons modérés, et les actions courageuses que nous devenons courageux[9]. » Autrement dit, le discernement est certes important, mais il ne suffit pas : aller plus loin implique l'exercice de la volonté et la pratique.

J'avais comparé notre esprit à un muscle qui se fortifie par l'entraînement sportif; il en va de même de la vie morale. Ne craignons pas l'échec. Tout comme faire silence en soi est le fruit d'un entraînement, nous ne pourrons pas devenir des virtuoses de la vertu, pour ainsi dire, dès les premiers pas. Il faut avoir l'humilité d'accepter que certaines tentatives soient suivies d'erreurs, et il faut surtout persévérer, car le chemin de la vertu est comme une pente glissante : si l'on abandonne tout effort, on régresse. Ne perdons pas non plus de vue que le vice est le jumeau de la vertu ; comme elle, il s'acquiert et se parfait par la pratique, puis il s'installe durablement. Et, de la même manière qu'accomplir une seule fois un acte vertueux ne rend pas vertueux, admettons, pour nous-mêmes et pour les autres, que le fait d'accomplir un acte mauvais ne signifie pas que la partie est perdue et que nous, ou l'autre, avons plongé dans le vice.

1. Aristote, *Éthique à Nicomaque*, Livre II, 2.
2. Le sermon de Bénarès est notamment retranscrit dans le *Samyutta Nikaya*, 420-424 et le *Vinaya Pitika* 1, 110-112.
3. Aristote, *Éthique à Nicomaque*, Livre II, 1.
4. *Ibid.*, Livre I, 6.
5. Sénèque, lettre XXIII, 7.
6. Sénèque, *De la vie bienheureuse*, 3, 3.
7. I Co 13, 13.
8. Maïmonide, *Le Guide des égarés*, III, 51.
9. Aristote, *Éthique à Nicomaque*, Livre II, 1.

9

Devenir libre

Nous sommes tous épris de liberté, mais savons-nous apprécier et utiliser à bon escient l'autonomie dont nous disposons, et qui est la condition *sine qua non* de l'expression de notre individualité ? Jusqu'à un passé relativement récent, la liberté individuelle était fortement entravée par la puissance des liens sociaux et familiaux, par le poids des traditions et le caractère autoritaire des systèmes politiques. Aujourd'hui, nous avons en Occident une chance extraordinaire, celle de pouvoir effectuer nos propres choix d'existence. Nous pouvons décider de notre métier et de notre lieu de vie, changer de ville ou de pays, choisir notre conjoint, assumer le fait de fonder une famille ou de ne pas avoir d'enfants. De la même manière, nous avons le droit d'adhérer librement, en conscience, aux valeurs qui nous semblent les plus justes pour guider notre vie. Nous pouvons choisir d'avoir une religion ou de ne pas en avoir, de suivre telle ou telle voie spirituelle. Cela nous semble banal. Pourtant, n'oublions pas que dans beaucoup de pays, aujourd'hui encore, la religion et les normes morales sont imposées par les autorités politiques et religieuses conjuguées. Celui qui les transgresse ou, pis encore, refuse d'y adhérer au nom de sa liberté de croyance ou de convictions est puni par la loi, et peut même subir la peine de mort. Cette liberté de croyance est une conquête fondamentale de la modernité, un héritage des Lumières qui, en Europe, au XVIIIe siècle, a fortement ébranlé la toute-puissance de l'Église et son alliance avec les pouvoirs politiques.

Cependant, aussi importante soit-elle, la liberté de choix et de conscience ne suffit pas, à elle seule, à nous rendre pleinement libres. Il existe en effet une autre forme d'aliénation : l'esclavage intérieur. J'entends par là notre soumission, notre abdication devant nos passions, nos désirs conscients ou inconscients, devant nos liens intérieurs refoulés. Cette aliénation nous rend prisonniers de nous-mêmes. Prenons le temps de nous observer. Peu, parmi nous, reconnaîtraient en toute honnêteté qu'ils ont réussi à gagner entièrement leur liberté intérieure. Nous sommes tous conditionnés par des préjugés, des besoins, des désirs ou des aversions parfois si violents qu'ils envahissent notre espace de liberté. Nous avons tous, à des degrés divers, des mauvaises habitudes dont nous sommes devenus les esclaves, nous empêchant d'être entièrement nous-mêmes et d'établir une relation fluide avec les autres. Ces entraves intérieures sont des chaînes aussi épaisses que celles qui, dans les régimes totalitaires, rendent physiquement prisonniers.

Comme je l'ai montré dans un précédent ouvrage, la notion de liberté intérieure est au cœur des enseignements du Bouddha, de Socrate et de Jésus[1]. Si ces trois maîtres de sagesse entendent libérer l'individu des chaînes du groupe et du poids de la tradition, ce n'est pas simplement pour le rendre politiquement autonome, mais pour qu'il puisse accomplir un chemin de libération intérieure. Aux yeux du Bouddha, la vraie liberté est celle que chaque être humain doit acquérir en combattant ses passions, ses désirs, ses envies, qui sont, de fait, les chaînes qui le lient à la roue du samsara. Tout son enseignement tient en quatre vérités sur la soif et l'attachement qui lient l'individu à la ronde infernale des renaissances. Pour Socrate, c'est l'ignorance qui est cause de tous les maux : l'erreur, l'injustice, la méchanceté, la vie déréglée – toutes choses qui font du tort à autrui, mais surtout à soi-même. C'est par ignorance, en somme, que les hommes font leur propre malheur. Et c'est par la connaissance de soi et de la vraie nature des choses que l'homme se libérera du vice et du malheur. Celui qui a accédé à la connaissance du vrai, du juste, du bien ne peut que devenir un homme bon et vertueux.

Le message de Jésus entre en résonance avec ceux de Socrate et du Bouddha : « Si vous demeurez dans ma parole, vous êtes vraiment mes disciples et vous connaîtrez la vérité et la vérité vous libérera », promet-il à ceux qui l'écoutent[2]. Et il ajoute : « Quiconque commet le péché est esclave. » Le mot « péché » est tellement connoté, après deux mille ans de christianisme, qu'il est difficile d'entendre de manière neuve ce qu'il signifie dans la bouche de Jésus. La tradition chrétienne a établi au fil des siècles une liste de péchés, dont les fameux sept péchés capitaux qui mènent en enfer : la paresse, l'orgueil, la gourmandise, la luxure, l'avarice, la colère, l'envie. Le mot « péché » est la traduction du latin *peccatum*, qui signifie faute. Il est lui-même la traduction du grec biblique *hamartia*, qui signifie déficience ou erreur, et qui est à son tour la transcription du mot hébraïque *hatta't*, qu'il faudrait traduire au plus juste par l'expression « manquer la cible ». Pécher, c'est se tromper de cible, mal orienter son désir, ou bien ne pas atteindre le véritable objectif visé. Dès lors qu'on agit mal, on est dans l'erreur et on est séparés de la vérité, donc de Dieu. Certes, les fameux sept péchés capitaux font partie des errements qui peuvent éloigner de Dieu. Mais si Jésus ne va pas à l'encontre de la Loi, il entend lui conférer une profondeur et une résonance personnelles et intérieures. Il n'est pas venu ajouter des lois nouvelles ou définir une liste de péchés, mais montrer que tout véritable péché se définit à l'aune de l'amour, et que ce n'est pas par peur de l'enfer qu'il ne faut pas commettre de faute, mais par peur de causer son propre malheur et le malheur d'autrui en s'éloignant de la vérité. En somme, c'est par amour et par intelligence qu'il convient d'éviter le péché. Après avoir longuement cheminé, après avoir fauté et s'être relevée, l'âme n'est plus tentée par le péché, car elle apprend à en connaître la nature nuisible. Dès lors qu'il retrouve l'accès à l'amour et à la vérité, l'homme sort de l'aliénation : il renoue avec sa source, il n'est plus coupé, enfermé sur lui-même, dans l'erreur ou l'égoïsme.

Le Bouddha, Socrate et Jésus s'accordent donc pour affirmer que l'homme ne naît pas libre, mais qu'il le devient en sortant de l'ignorance, en apprenant à discerner le vrai du faux, le bien du mal, le juste de l'injuste ; en apprenant à se connaître, à se maîtriser, à agir avec sagesse et compassion.

Avec la question de la liberté se pose la question du choix. Nous vivons en effet dans des sociétés qui nous offrent quantité de possibles. Or, paradoxalement, cette grande liberté de choix peut être perverse et oppressante : l'incapacité de choisir aliène la liberté et l'excès de choix écrase l'individu. Il n'y a pas si longtemps de cela, la naissance conditionnait le destin individuel : on héritait du métier de son père et on se conformait aux modes d'existence de sa catégorie sociale. Aujourd'hui, on peut choisir son métier, son lieu de vie, on peut même changer de sexe par opération chirurgicale. Les contraintes du passé n'étaient peut-être pas épanouissantes, mais elles avaient l'avantage d'être rassurantes. Elles offraient un enracinement et des repères stables aux individus. L'éventail des possibles qui se présente désormais à nous, à tous les moments de notre vie, peut, à l'inverse, être source d'angoisse. Nous pouvons être parfois tentés de tout accumuler, de ne renoncer à rien : or à vouloir tout entreprendre on ne réussira rien, sinon à vivre dans l'épuisement et dans la tourmente du non-accomplissement.

L'abondance des possibles peut recéler un autre danger : celui d'être écrasé par la difficulté de choisir et de s'enfermer dans la dépression. Beaucoup de jeunes se retrouvent aujourd'hui devant un dilemme : ils aspirent à se réaliser et à s'épanouir, ce qui est le mot d'ordre de notre monde moderne, et en même temps ils n'arrivent pas à savoir ce qui est bon pour eux, à trouver leur voie, à effectuer les bons choix. Ils n'arrivent pas non plus à se discipliner et à devenir suffisamment vertueux pour réussir dans des voies exaltantes, mais exigeantes. Ils aspirent à tout et ne parviennent à rien, ou à pas grand-chose. Du coup, certains n'ont plus goût à rien, tandis que d'autres sombrent dans la drogue ou l'alcool, ils « zonent », vivotent, font un peu de musique ou d'informatique sans jamais aller jusqu'au bout d'un dessein qui exigerait d'eux de persévérer. Ils sont littéralement déprimés.

Le philosophe et historien Alain Ehrenberg a fort bien montré que si la névrose, c'est-à-dire le conflit psychique entre nos désirs et les interdits moraux, était la pathologie dominante des sociétés occidentales à l'époque de Freud et jusqu'à la fin des années 1960, il en va tout autrement depuis Mai 68 et la libération des mœurs. L'individu ne souffre plus aujourd'hui de trop d'interdits, mais de trop de possibles, d'une injonction de performance et d'autonomie trop lourde. Aujourd'hui, cette forme de dépression, qui touche de plus en plus d'adolescents et de jeunes adultes, constitue l'un des symptômes de l'incapacité à se réaliser, à être soi-même[3].

1. Frédéric Lenoir, *Socrate, Jésus, Bouddha*, Fayard, 2009.
2. Jean 8, 31-32.
3. Alain Ehrenberg, *La Fatigue d'être soi*, Odile Jacob, 1998.

10

Amour de soi et guérison intérieure

Dans les chapitres qui précèdent, j'ai insisté sur l'importance primordiale de la connaissance, et notamment la connaissance de soi comme voie d'accès à la vérité et au bonheur. Une voie incontournable, dans la mesure où elle est la vraie garante de notre liberté intérieure. Toutefois, bien qu'elle soit indispensable, cette voie n'est pas suffisante pour nous rendre heureux et pleinement humains. Un autre élément doit également intervenir, une dimension qui est tout aussi fondamentale que l'intelligence tournée vers la connaissance et la vérité : l'amour. Le fait d'aimer et d'être aimé, d'être en relation affective avec les autres. En effet, de la même manière que nous étouffons si nous ne sommes pas libres, nous nous desséchons si nous ne sommes pas reliés. Liberté et amour sont, j'en suis convaincu, les deux grandes conditions de la réalisation de soi et de l'épanouissement de chacun d'entre nous.

Quand nous entendons le mot «amour», nous pensons immédiatement à autrui : on aime ses enfants, ses parents, ses amis, son conjoint. Nous avons été façonnés en ce sens par des siècles, voire des millénaires de traditions spirituelles et philosophiques qui ont mis en avant les thèmes du don de soi, de la charité, de la compassion, de la main tendue vers l'autre. Nous en sommes arrivés à occulter une dimension essentielle, qui est le fondement même de l'amour : l'amour de soi. Pourtant cette notion est loin d'être absente de notre patrimoine culturel. Pythagore, l'un des premiers philosophes de la Grèce antique, avait pour devise cette règle d'or : «Plus que tout, respecte-toi toi-même[1].» Quelques siècles plus tard, dans son *Éthique à Nicomaque*, Aristote consacre deux chapitres (sur un total de dix) au thème de l'amitié, «ce qu'il y a de plus nécessaire pour vivre[2]», dit-il en préambule. Puis, après avoir analysé les différents types d'amitié, leurs fondements et leurs bienfaits, il affirme que le meilleur ami est celui qui nous souhaite du bien de manière complètement désintéressée, uniquement par amour, des caractéristiques qui «se rencontrent à leur plus haut degré dans la relation du sujet avec lui-même». Et de poursuivre : «C'est en partant de cette relation de soi-même à soi-même que tous les sentiments qui constituent l'amitié sont par la suite étendus aux autres hommes.» D'où sa conclusion : «L'homme vertueux a le devoir de s'aimer lui-même[3]», ce qui ne signifie en aucun cas un encouragement à l'égoïsme mais, au contraire, le point de départ d'une réelle ouverture aux autres. Trois siècles plus tard, le philosophe latin Cicéron explicitera ainsi cette idée : «Chacun en effet aime son propre moi et ce n'est pas dans l'espoir d'obtenir de soi une rémunération de cet amour, mais parce que son moi lui est cher par lui-même. Si cette façon d'aimer ne sert pas de modèle à l'amitié, on ne pourra jamais être un véritable ami, car un ami vrai est pour son ami un second lui-même[4]. »

C'est ce que l'on retrouve dans l'expression de Montaigne, « l'amitié que chacun se doit[5] », sans laquelle nul ne saurait aimer la vie et les autres. On aurait tort de croire cette réflexion uniquement cantonnée à la philosophie. L'amour de soi, en tant que fondement de la relation à l'autre, est aussi une exigence biblique : « Tu aimeras ton prochain comme toi-même[6] », ordonne le Dieu de Moïse, une injonction qui sera reprise dans les mêmes termes par Jésus[7]. Nous connaissons tous cette phrase, mais souvent nous n'en retenons que la moitié : « aime ton prochain ». Elle est pourtant fort explicite : il faut aimer son prochain de la manière dont on s'aime soi-même. Autrement dit, si on ne s'aime pas, on ne peut pas aimer autrui.

La psychologie moderne validera à son tour cette vérité : pour pouvoir être relié aux autres de manière juste, il faut d'abord être relié à soi-même de manière juste ; la qualité de notre relation aux autres dépend intrinsèquement de la relation que nous avons à nous-mêmes. Si la relation à soi est déviée, nous projetterons forcément sur autrui les problèmes qui nous appartiennent et qui ne sont pas résolus. Celui qui voit par exemple systématiquement chez l'autre un envieux refuse bien souvent d'admettre la part de frustration enfouie en lui

90

et dont il n'a pas conscience. La haine et le mépris d'autrui proviennent bien souvent d'une haine de soi. Sans estime de soi, on ne peut pas estimer les autres ; sans respect de soi, on ne peut pas respecter les autres. Sans amour de soi, on ne peut pas aimer les autres. L'apprentissage de la relation à soi est donc la condition de l'apprentissage de la relation aux autres.

Comment apprend-on à s'aimer ? Tout d'abord par l'amour que l'on reçoit dès la plus tendre enfance. Cet amour reçu de manière « suffisamment bonne » – pour reprendre l'expression du psychanalyste Donald Woods Winnicott – nous signifiera, tant au niveau conscient qu'inconscient, que nous sommes effectivement dignes d'être aimés. Il va nous renvoyer une image positive, nous entraîner à avoir de l'estime pour nous-mêmes, à développer une bonne relation à ce « soi » que l'autre nous révèle être aimable. À l'inverse, avoir été mal ou pas aimé, voire trop aimé, d'une manière possessive ou ambiguë, entraîne des confusions affectives, une distorsion de la relation à soi, et par conséquent aux autres. Il n'existe fort heureusement aucune fatalité en ce domaine. Un « mésamour », un manque affectif durant la petite enfance, aussi difficile soit-il à vivre, peut toujours être rectifié par d'autres expériences positives tout au long de l'existence. Des amis ou un conjoint aimant peuvent nous aider à nous rééquilibrer, à surmonter ce qui aurait pu constituer un traumatisme. Il est rare cependant que de graves lacunes affectives, qui ont produit ce qu'on appelle une «blessure narcissique», une mauvaise image de soi, puissent être véritablement guéries sans l'aide d'une thérapie appropriée. La victime d'une blessure narcissique est bien souvent inconsciente de cette faille et porte spontanément son désir vers des êtres ressemblant à ceux qui sont à la source de sa souffrance, des êtres qui vont aviver sa douleur. On entre alors dans un «mécanisme de répétition» très bien décrit par la psychanalyse, véritable cercle vicieux dont on ne peut sortir que par une prise de conscience de la blessure et de sa cause. C'est ici que l'aide d'un thérapeute est capitale, tant il est difficile de procéder seul à cette prise de conscience souvent douloureuse. Tout n'est pas résolu pour autant. Car, aussi nécessaire soit-elle, la prise de conscience n'est pas suffisante pour guérir. C'est d'ailleurs de mon point de vue la limite de la psychanalyse : elle nous aide à voir clair en nous et à prendre une distance vis-à-vis de nos émotions, mais elle ne nous guérit pas forcément, car une fois conscients de notre handicap, il nous reste encore à retrouver l'estime de nous-mêmes. Cela peut se faire, par exemple, à travers certaines thérapies comportementales, comme l'hypnose éricksonienne – du nom de Milton Erickson, un psychiatre américain qui, dans la première moitié du XXe siècle, a promu les techniques de l'hypnose et de l'auto-hypnose pour soigner ses patients, leur apprenant à découvrir leurs propre ressources intérieures et à dépasser les peurs de l'échec qu'engendre la mésestime de soi. Il en va de même pour la sophrologie ou d'autres thérapies courtes qui visent à rétablir une estime de soi à travers la pensée positive. De telles thérapies peuvent être très profitables, mais la vérité est qu'une blessure narcissique ne sera souvent guérie que par l'amour; c'est à travers une relation « suffisamment bonne » que l'on apprendra à s'aimer. Mais encore une fois, il nous faudra bien souvent avoir accompli un travail thérapeutique avant d'être capables de vivre des relations affectives constructives, en commençant par accepter de quitter la carapace que nous avions endossée, enfants, pour supporter la douleur du « mésamour ».

Je peux d'autant plus facilement parler de ce sujet que j'ai effectué un long chemin thérapeutique pour guérir de blessures intérieures profondes. J'ai peiné pour apprendre à m'aimer. Au cours de mon adolescence et de ma vie de jeune adulte, je doutais fortement de moi-même. Ma vie affective en a été perturbée pendant des années. Parallèlement, j'ai mis du temps à trouver ma voie et à me réaliser sur le plan professionnel. Après un mariage (suivi d'un divorce) et une longue période où j'ai reproduit un scénario névrotique inconscient, j'ai pris conscience de mes failles, à travers une psychanalyse et des thérapies psycho-corporelles qui m'ont aidé à libérer mon corps et ma mémoire d'émotions négatives perturbatrices. J'ai réalisé, dans ces cadres thérapeutiques, une expérience fondamentale de la « tendresse pour soi ». Je me suis pris dans mes propres bras, je me suis donné la tendresse qui m'avait manqué enfant, cet amour de soi que je m'étais jusque-là interdit et que, dans une fuite vers l'extérieur, je voulais prodiguer aux autres, tels ces mourants et ces lépreux que j'ai été soigner en Inde pendant plusieurs mois. Progressivement, ma vie sociale, affective et professionnelle a été transformée. J'ai encore certains symptômes handicapants, mais j'ai appris à m'aimer et à vivre avec ma fragilité. À la suite de Montaigne, je puis affirmer : «Pour moi, j'aime la vie» et si je tire le bilan de mes quarante-huit années d'existence, je peux dire que je ne regrette rien, car mes failles ont été aussi des tremplins pour chercher, progresser, me transformer, devenir plus lucide, apprendre à aimer.

Le psychiatre Boris Cyrulnik a parfaitement mis en lumière ce processus de «résilience» par lequel un être parvient à surmonter ses traumatismes et parfois même à développer certaines qualités grâce à ses blessures. L'un des exemples qui m'a le plus frappé est celui de l'abbé Pierre. J'ai été très proche de lui pendant les vingt dernières années de sa vie, l'ayant notamment aidé à écrire trois de ses livres. Henri Grouès (c'est son nom civil) a été blessé enfant par la froideur de sa mère qui ne savait pas exprimer sa tendresse. Il en a beaucoup souffert et a constamment recherché l'amour et la reconnaissance d'autrui. J'ai toujours été convaincu que sa vocation à aider les plus pauvres, son aspiration à la sainteté, le don de lui-même qu'il pratiquait dans un oubli total de soi relevaient pour une bonne part de cette blessure narcissique. Il a d'ailleurs gardé jusqu'à sa mort deux symptômes forts de ce besoin d'amour et de reconnaissance : son goût immodéré des médias et son besoin de plaire aux femmes et de susciter chez elles de la tendresse à son égard. Il en avait pleinement conscience et son image idéalisée dans l'opinion publique lui pesait autant qu'elle le flattait. C'est la raison pour laquelle il a souhaité, peu de temps avant sa mort, se livrer à une confession publique sur la rupture de son vœu de chasteté[8]. Il avait besoin d'avouer ce qui le tourmentait intérieurement et de dire à tous : je ne suis pas un surhomme, j'ai porté en moi cette faille affective toute ma vie et elle a même été un des moteurs de mon existence. L'abbé Pierre a d'ailleurs été meurtri des réactions de certains hommes d'Église qui n'ont rien compris à son geste : du cardinal Lustiger, qui a affirmé qu'il avait perdu la tête, à Mgr Hippolyte Simon qui l'a assimilé à un vieillard sénile manipulé par un ami vénal (moi-même en l'occurrence), en passant par le cardinal André Vingt-Trois, l'actuel président de la Conférence des évêques de France, qui a dit ne pas vouloir lire son livre-confession « pour garder une bonne image de lui ». Toutes ces réactions traduisent non seulement la difficulté qu'ont encore de nombreux responsables ecclésiaux à aborder en vérité la question de la sexualité des clercs, mais aussi leur malaise devant une telle confession publique. Or c'est justement parce qu'il était un homme public que l'abbé a eu besoin de dire à tous avant de mourir que son image était en partie fausse. Que l'homme qui vit derrière le mythe était fragile et blessé. Qu'il a tant aimé parce qu'il avait tant besoin d'amour. Et qu'il souhaite aujourd'hui être aimé pour ce qu'il est, et non pour sa légende. Quelle leçon d'humanité! Comme tu nous manques, l'abbé!

1. Pythagore, *Les Vers d'or*, 12.
2. Aristote, *Éthique à Nicomaque*, VIII, 1.
3. *Ibid.*, IX, 8.
4. Cicéron, *Lelius*, XXI.
5. Montaigne, *Essais*, III, 10, 1006-1007.
6. Lévitique 19, 34.
7. Matthieu 22, 39.
8. Abbé Pierre, *Mon Dieu... pourquoi?*, avec Frédéric Lenoir, Plon, 2005.

11

La Règle d'or

Le respect de soi, nous venons de le voir, est le prélude au respect des autres. Cette vérité sous-tend ce que l'on a coutume d'appeler « la Règle d'or » : « Ne fais pas à autrui ce que tu ne veux pas que l'on te fasse. » C'est l'un des fondements essentiels de la vie morale de toutes les sociétés humaines, une sorte de loi naturelle qui préexiste à toutes les formulations philosophiques et religieuses élaborées au fil ses siècles. Un enfant peut facilement la comprendre et la Règle d'or participe de nos méthodes éducatives sans que nous en ayons toujours conscience. Nous la mettons en œuvre lorsque, plutôt que de dire à un enfant : « Ne tire pas les cheveux de ta sœur », nous inversons la situation : « Tu as envie que ta sœur te tire les cheveux ? Non ! Alors ne le fais pas, toi non plus. »

La Règle d'or est formulée dans toutes les cultures orales et les civilisations de l'écrit : c'est le socle universel de la morale. Elle figure dans la Bible, en tête des conseils que Tobie prodigue à son fils partant pour un long et périlleux voyage, de Ninive à

Ecbatane, pour récupérer une créance dont il a grand besoin : « Ne fais à personne ce que tu n'aimerais pas subir[1]. » Hillel, un sage juif du début du Ier siècle, insistera : « Ce qui est détestable pour toi, ne le fais pas à ton prochain. C'est là toute la Loi, le reste n'est que commentaire[2]. » On la retrouve chez les Grecs et les Romains, avec toutefois une limite : en sont exclus les esclaves et les « barbares », c'est-à-dire ceux qui ne sont pas considérés comme véritablement humains. Ainsi Aristote conseille de se comporter avec ses amis « comme nous souhaiterions qu'ils se comportent avec nous[3] ». À peu près à la même période, Niroclès, roi de la ville de Salamine, à Chypre, dont deux discours nous sont parvenus, affirme lui aussi : « Ce qui vous irrite dans la conduite des autres à votre égard, ne le faites pas à autrui[4]. » Quant au Latin Sénèque, qui fut le précepteur de Néron, il la réitère aux membres de l'aristocratie auxquels il recommande de distribuer leurs bienfaits au peuple « de la manière dont ils voudraient les recevoir[5] ».

Jésus reprend la Règle d'or en lui donnant une portée universelle qui ne souffre aucune exception : elle ne s'applique plus aux seuls membres d'une caste, d'une cité ou d'un peuple, mais elle régente les relations de tous les êtres humains, au-delà des langues, des ethnies, des sexes et des positions sociales. Dans son Sermon sur la Montagne, un discours éthique capital, il la présente, comme le fera le rabbin Hillel, comme « la quintessence de la Loi et les Prophètes » : « Tout ce que vous voudriez que les autres fassent pour vous, faites-le pour eux

vous aussi[6].» Et il décline alors cette règle en une
série d'exigences qui en radicalisent la portée
éthique : «Ne jugez pas, pour ne pas être jugés[7]» ;
«La mesure dont vous vous servez pour les autres
servira aussi pour vous[8].» La Règle d'or est aussi
présente dans la religion musulmane. Je citerai seulement ce hadith de Mohamed, un propos rapporté
par plusieurs sources concordantes dans les corpus
qui lui sont consacrés : «Aucun d'entre vous n'est
vraiment croyant tant qu'il n'aime pas pour son
frère ce qu'il aime pour lui-même[9].»

On retrouve la Règle d'or dans l'ensemble du
monde oriental. Le sage chinois Confucius, qui
aurait vécu vers le vi[e] siècle avant notre ère, la transmet ainsi dans ses *Entretiens* où est retranscrit l'essentiel de son enseignement : «Ne faites pas à autrui
ce que vous ne voudriez pas qu'on vous fasse à vous-
même[10].» À peu près à la même époque, en Inde
cette fois, c'est le Bouddha qui s'exprime en ces
termes : «Ne blesse pas les autres avec ce qui te fait
souffrir toi-même[11].» Elle est également présente
chez les jaïns, adeptes indiens de la non-violence absolue : «L'homme devrait cheminer d'une
manière indifférente face aux choses terrestres et
traiter toutes les créatures de ce monde comme il
aimerait être traité lui-même[12].» On la retrouve à
plusieurs reprises dans l'épopée hindoue du
Mahabharata où il est dit : «On ne doit pas se comporter envers les autres d'une manière qui nous
répugne nous-mêmes. Ceci est le cœur de toute
morale. Tout le reste résulte d'une avidité intéres-
sée[13].»

Comme je l'ai évoqué plus haut, cette règle est accessible de manière immédiate, même aux jeunes enfants, et il n'est pas nécessaire de la justifier par un raisonnement ou une révélation divine. Elle tombe sous le sens, nous la comprenons tous spontanément, et c'est la raison pour laquelle elle est aussi universelle et constitue le fondement naturel de toute relation à autrui, de toute vie sociale, de toute loi collective. Appliquer la Règle d'or, c'est se mettre à la place de l'autre qui a les mêmes désirs et les mêmes répulsions que nous. Nous pouvons le faire dans les rapports sociaux les plus élémentaires du quotidien. Nous détestons que l'on nous bouscule dans le métro ? Arrêtons-nous aussi de bousculer les autres passagers parce qu'ils sont encombrés par une valise ou une poussette. Nous n'avons pas envie que l'on nous mente ? Ne mentons pas aux autres. Nous ne supportons pas que quelqu'un nous chipe notre place dans une file d'attente ? Ne le faisons pas subir aux autres, même si nous sommes pressés. C'est d'une simplicité enfantine, mais le faire ou ne pas le faire change totalement la vie commune d'une famille ou d'une société.

La Règle d'or peut se formuler de manière négative, ce qui est le plus fréquent, mais aussi de manière positive : « Fais à autrui ce que tu aimerais que l'on te fasse. » Cet énoncé est plus constructif, il ne se limite pas à nous mettre en garde contre ce qu'il ne faut pas faire, mais il nous pousse à agir. Il ne suffit pas de s'abstenir de tuer, de faire souffrir ou de voler. Ça commence par de toutes petites choses : nous apprécions un sourire? Alors sourions plutôt que d'afficher une mine renfrognée. Offrons aux autres ce que nous aimerions qu'ils nous offrent : de l'attention, un peu d'écoute ou de réconfort, un soutien matériel dans un contexte difficile. Lorsque nous agissons ainsi, nous ressentons parfois une petite lueur de joie. À l'inverse, lorsque nous faisons à l'autre ce que nous ne souhaitons pas qu'il nous fasse, nous ressentons souvent un remords ou un nuage de tristesse. C'est ce que l'on pourrait appeler la voix de notre conscience. Un enfant de cinq ans ou un philosophe de quatre-vingt-dix ans ressentiront la même chose. C'est la force étonnante de la Règle d'or.

1. Tobie 4, 15.
2. Hillel, Talmud bab, Shabbat 31a.
3. Diogène Laërce, *Vies, doctrines et sentences des philosophes illustres*, 5, 21.
4. Niroclès 61.
5. *Bienfaits* 2, 1, 1.
6. Matthieu 7, 12 ; Luc 6, 31.
7. Matthieu 7, 1.
8. Matthieu 7, 2.
9. Boukhari, Sahih, 2.6.1
10. Les *Entretiens* de Confucius, XV, 23.
11. Sutta Pitaka, Udanavagga 5, 18.
12. Sutrakritanga I, 11, 33.
13. Mahabharata, 114, 8.

12

L'amour et l'amitié

La Règle d'or est essentielle pour vivre en société. Elle impose le respect et la politesse, deux vertus indispensables à la vie commune. Cependant, la vie intérieure de chaque individu ne peut pas se satisfaire de cette seule vertu sociale. Celle-ci n'est pas suffisante pour nous rendre heureux car nous aspirons à des relations avec autrui fondées non seulement sur le respect et la bienveillance, mais plus encore sur l'amour et l'amitié, sentiments qui éclosent au plus intime de notre être. Ils nous font entrer dans une relation choisie et nourrissent notre âme, apaisent notre corps, réjouissent notre cœur.

« Je ne vous enseigne pas le prochain, mais l'ami », écrit Nietzsche dans son *Ainsi parlait Zarathoustra*. Les traditions spirituelles et religieuses tendent à voir dans l'amour un sentiment que nous devons délivrer inconditionnellement à tous les êtres, et non l'attachement particulier que nous pouvons éprouver pour une personne bien définie. Or, l'amitié réelle entre deux individus est un lien personnel non pas avec des inconnus, avec « l'autre » indéfini, mais avec l'ami que l'on se choisit et qui nous choisit. Aristote est l'un de ceux qui ont poussé le plus loin la réflexion sur ce qu'il nomme «l'amitié parfaite», celle qui exige du temps, de la stabilité, des habitudes et des passions communes, un partage des plaisirs, et qu'il considère indispensable à l'être humain afin qu'il puisse être «heureux»[1]. L'amour d'amitié, *philia* en grec, écrit-il dans son *Éthique à Nicomaque*, constitue «ce qu'il y a de plus nécessaire pour vivre. Car sans amis, personne ne choisirait de vivre, eût-il tous les autres biens[2]». Ces amis, insiste-t-il, ne peuvent pas être en trop grand nombre, car chacun implique de notre part un réel investissement. Aussi propose-t-il d'appliquer à l'amitié une juste mesure : «N'être ni sans amis, ni non plus avec des amis en nombre excessif[3].» L'ami, le vrai, n'est ni celui que l'on croise de temps en temps à l'occasion d'un dîner, ni un camarade parmi d'autres avec qui l'on peut se distraire épisodiquement, un simple «copain». On lui demandait «Qu'est-ce qu'un ami?» Il répondait : «Une seule âme résidant en deux corps[4]», rapporte Diogène Laërce au sujet d'Aristote. Cette vision de l'amitié a influencé la philosophie gréco-romaine, et on la retrouve au 1er siècle avant notre ère chez Cicéron : «L'essence de l'amitié consiste en ce que plusieurs êtres ont une même âme[5].» L'ami, c'est donc une sorte d'«âme sœur», dirions-nous aujourd'hui, un être avec qui nous nous comprenons immédiatement, dont la présence nous fait du bien et avec lequel nous avons des projets communs qui nourrissent notre relation et l'aident à grandir. Quand je

103

parle de projet, j'entends une activité commune intensément partagée. Cela peut être une passion : le cinéma, la musique, la pratique d'un sport, la littérature, la philosophie ; ou même la construction d'un foyer – je reviendrai plus loin sur la nécessaire amitié qui doit sous-tendre l'amour des époux. On choisit cet ami avec qui on « regarde ensemble dans la même direction », comme le dit si bien Saint-Exupéry dans *Terre des hommes*. Il ne nous est pas imposé comme l'est notre famille ; on lui donne tout naturellement une place particulière dans notre vie, sa présence à nos côtés devient comme une évidence. On ne peut guère expliquer les raisons de cet attachement si ce n'est par une étrange communion des âmes. Comme le disait Montaigne à propos de son amitié pour La Boétie : « Si on me presse de dire pourquoi je l'aimais, je sens que cela ne se peut exprimer qu'en répondant : "Parce que c'était lui, parce que c'était moi"[6]. »

Une dimension essentielle de l'amitié, explicitée par Aristote, est la réciprocité : il n'y a, en effet, de réelle amitié que si elle est réciproque : nous et l'ami que nous nous sommes choisi devons tirer le même plaisir de notre relation, partager réellement émotions et sentiments, sans que l'un se force à entretenir cette relation seulement pour faire plaisir à l'autre. Une amitié bancale n'est pas une vraie amitié, et c'est aussi ce qui la distingue de la Règle d'or, qui n'implique pas nécessairement de réciprocité.

On hérite de sa famille et on choisit ses amis. Cependant, l'ami peut se choisir aussi au sein de la famille : c'est le frère ou la sœur avec qui nous entretenons une relation particulière, privilégiée, à qui l'on aime confier ses joies et ses peines. L'ami peut être aussi le compagnon ou le conjoint. En effet, je ne pense pas qu'une relation amoureuse authentique puisse s'établir entre deux amants qui ne sont pas amis. Car la passion n'est pas destinée à durer. L'amour passionnel est fondé sur le désir sexuel, sur des fantasmes que nous projetons sur un autre que nous ne connaissons pas vraiment. Il s'agit bien souvent d'attentes inconscientes liées à la relation que nous entretenions enfant avec nos parents. La passion nous procure une extraordinaire vitalité, mais elle s'érode avec le temps. Un jour le désir s'émousse, le réel revient, on découvre l'autre tel qu'il est. S'il était aussi un ami, la passion cède la place à une relation tout aussi forte, celle de « l'amitié parfaite » que chante Aristote et qui est au fondement du réel amour puisqu'elle est la rencontre avec « un autre soi-même, qui a pour rôle de fournir ce qu'on est incapable de se procurer par soi-même[7] ». L'amour d'amitié constitue en effet une double expérience de similarité et de complémentarité. Nous nous aimons parce que nos âmes se ressemblent. Et nous nous aimons aussi parce que l'autre nous apporte ce qui nous manque et que nous ne pouvons nous donner à nous-même.

Mon expérience m'a permis de comprendre la justesse de l'analyse aristotélicienne. J'ai connu des amitiés très intenses qui se sont délitées par manque d'entretien, par manque de temps partagé, par manque de projets communs. D'autres amitiés n'ont

pu éclore parce que les sentiments n'étaient pas
réciproques : j'aimais sans être vraiment aimé en
retour, ou inversement. J'ai également compris
combien l'amitié était nécessaire dans une relation
amoureuse. Plusieurs passions ont fini par se dis-
soudre dans le conflit ou l'ennui, parce qu'elles ne
s'étaient jamais enracinées dans une amitié vraie.
La lecture de Platon, dès l'adolescence, m'avait
pourtant bien éclairé sur le caractère ambigu du
désir amoureux. Je devais avoir quatorze ans quand
j'ai lu *Le Banquet*, où Socrate parle avec Aristophane
de l'amour et lui explique : «Ce qu'on n'a pas, ce
qu'on n'est pas, ce dont on manque : voilà les objets
du désir et de l'amour[8].» Socrate explique le caractère ambivalent de l'amour dont les mystères lui
furent révélés par une femme, Diotime. L'amour,
eros, dit-il, est un désir puissant, un *daïmon*, qui
peut conduire au meilleur comme au pire. À l'état
brut et non éduqué, il peut mener jusqu'au crime.
Combien de viols ou de meurtres sont le fruit d'une
passion amoureuse dévorante et non maîtrisée! En
revanche, ce même amour peut mener l'âme au
meilleur : la contemplation divine. L'âme, explique
Socrate, s'attache d'abord à l'éclat d'un corps. Lui-
même ne dissimulait pas son admiration pour la
perfection des éphèbes qui l'entouraient et qui, malgré sa laideur, étaient subjugués par lui. D'un corps
en particulier, l'âme étend ensuite son amour à tous
les beaux corps, puis elle découvre une harmonie
supérieure, celle des âmes, et s'attache à elles.
S'élevant encore plus, elle s'attache à la beauté de la
vertu, des sciences, et enfin, au terme de ce long

parcours initiatique, au Bien et au Beau suprêmes, qui sont d'essence divine, et qui seuls peuvent pleinement nous combler. «Si un jour tu parviens à cette contemplation, tu verras que cette beauté est sans commune mesure avec l'or, les atours, les beaux enfants et les beaux adolescents dont la vue te bouleverse à présent, lui explique Diotime. Vous êtes prêts à vous priver de manger et de boire pour contempler vos bien-aimés et jouir de leur présence. À ce compte, quels sentiments pourrait éprouver un homme qui parviendrait à contempler la beauté en soi, simple, pure, sans mélange [...], celle qui est divine dans l'unicité de sa forme[9]?»

Il y a donc pour Socrate une échelle de l'amour, cette force irrationnelle qui s'empare de nous, partant des éléments les plus matériels pour arriver à une autre substance chantée par les mystiques de toutes les traditions spirituelles : Dieu ou le divin ineffable. «Lorsque vous aimez, ne dites pas : "Dieu est en mon cœur." Dites plutôt : "Je suis dans le cœur de Dieu"[10]», affirme le Prophète de Khalil Gibran à la devineresse al-Mitra qui l'interroge sur l'amour.

On touche ici à une autre conception de l'amour que l'amour d'amitié d'Aristote. Dans son sommet, l'*éros* conduit à la contemplation, considérée par la plupart des philosophes grecs comme l'activité humaine la plus noble et susceptible de procurer le plus grand bonheur. L'homme qui connaît l'état de contemplation est rempli d'amour, son cœur ne semble plus avoir de limites. J'ai déjà fait allusion à certaines expériences intérieures que j'ai vécues dans la nature et qui m'ont procuré un état de joie, le sentiment de ne plus faire qu'un avec le cosmos. J'ai compris à ces moments de quelle manière la perception de l'individualité s'estompe au profit d'une communion aimante avec le Tout. Je n'ai jamais eu envie de qualifier ces expériences de « religieuses », car elles ne me renvoyaient consciemment à aucune figure ou symbole transmis par une culture religieuse. Cependant toutes les traditions spirituelles évoquent ces expériences qui permettent à l'individu de sortir des limites de son « moi » pour s'unir à quelque chose qui le dépasse totalement, le mettant dans un état de joie et d'amour. Peu importe finalement le nom qu'on donne à cette transcendance selon les cultures et les traditions : la nature, le cosmos, Dieu, le divin, l'Absolu, le Tout, le Tao.

Cette expérience révèle une autre dimension de l'amour. Celle d'un don de totale gratuité qui n'attend rien en retour. Cet amour-don prend le nom grec d'*agapé* dans le Nouveau Testament. Il s'agit pour ses auteurs, Paul et les quatre évangélistes principalement, de rendre compte de l'amour gratuit que Dieu a pour les hommes et du même amour désintéressé qu'il demande aux hommes d'avoir les uns pour les autres. Cet amour s'apparente à l'amitié des philosophes en ce qu'elle implique de don de soi et de désir du bonheur de l'autre. Mais il s'en distingue de deux manières : il n'exige pas la réciprocité et il n'est pas focalisé sur une personne en particulier, mais sur le prochain en général et même sur le monde. En cela il ressemble à la Règle d'or, toutefois tandis que celle-ci est un principe moral dans lequel la dimension affective est peu ou pas du tout présente, l'*agapé* est un véritable amour qui engage tout l'être. On aime l'autre de tout son cœur. C'est de cet amour dont parle Jésus lorsqu'il dit à ses apôtres la veille de sa mort : « Comme je vous ai aimés, vous aussi aimez-vous les uns les autres. Ce qui montrera à tous les hommes que vous êtes mes disciples, c'est l'amour que vous aurez les uns pour les autres[11]. » On retrouve au sein de la tradition bouddhiste cette notion d'amour inconditionnel élargie à tout être vivant : *karuna*, la grande compassion active. Contrairement à la simple compassion (*maitri*), sorte de bienveillance qui ressemble à la Règle d'or (avoir du respect pour tout être vivant), la notion de grande compassion s'est développée au fil des siècles au sein du bouddhisme pour devenir la vertu cardinale du Grand Véhicule (*Mahayana*). Elle ressemble à l'amour christique, puisqu'elle aussi appelle à donner sa vie pour les autres et à renoncer à la jouissance de la libération suprême, le *nirvana*, afin de continuer d'aider ceux qui souffrent en étant prisonnier du cycle incessant des renaissances, le *samsara*, pour les guider jusqu'à la Libération.

J'ai rencontré cet amour chez des êtres comme Mère Teresa, l'abbé Pierre ou le dalaï-lama. Bien qu'ayant des traits de caractère très différents, tous trois m'ont impressionné par l'extrême attention qu'ils portaient à l'autre, quel qu'il soit, riche ou pauvre, et par leur implacable détermination à soulager la souffrance de tous ceux qui les approchent.

À mon humble niveau, j'ai vécu une expérience très forte en Inde dans une léproserie et un mouroir tenus par les sœurs de Mère Teresa. J'ai déjà expliqué que ce désir de consacrer quelques mois de ma vie aux plus pauvres était certainement inconsciemment motivé par mes propres blessures qui me rendaient particulièrement sensible à la souffrance des autres. Cette expérience m'a toutefois permis de réaliser combien le fait de prendre soin d'êtres en très grande détresse remplit le cœur de celui qui donne. C'est là que j'ai non seulement compris, mais aussi vécu, cette parole de Jésus rapportée par Paul : « Il y a plus de joie à donner qu'à recevoir[12]. » Telle fut l'intuition formidable de l'abbé Pierre quand il a fondé l'association Emmaüs : remettre debout des êtres brisés par le biais de soins à d'autres êtres encore plus brisés. On connaît cette phrase devenue célèbre, véritable acte fondateur d'Emmaüs, dite par l'abbé Pierre à Georges, un ancien détenu qui avait perdu toute raison de vivre et voulait se suicider : « Au lieu de mourir, viens m'aider à aider. »

Si nombre de spirituels ont parlé de cet amour/ don, rares sont les philosophes qui ont tenté de l'analyser ou d'en chercher un fondement rationnel. Parmi ceux-ci, je citerais le philosophe et talmudiste Emmanuel Levinas. Cet homme exceptionnel, tant par ses qualités humaines que par la profondeur de sa pensée, a été mon professeur de philosophie à l'université de Fribourg. Il a aussi marqué mon itinéraire intellectuel, notamment par son apport très original à l'éthique à travers la notion du visage :

l'altérité se dévoile à travers le visage. Le dénuement et la vulnérabilité d'un visage nous rendent responsables d'autrui[13]. Dans un ouvrage sur l'éthique que j'ai publié quelques années avant sa mort, il m'a donné un très beau texte qui résume l'essentiel de sa pensée sur l'amour/don et la responsabilité envers autrui. Il se termine ainsi : « C'est cette rupture de l'indifférence, la possibilité de *l'un-pour-l'autre*, qui est l'événement éthique. Dans l'existence humaine interrompant et dépassant son effort d'être, la vocation d'un exister pour autrui plus fort que la mort : l'aventure existentielle du prochain importe au moi avant la sienne, posant le moi d'emblée comme responsable d'autrui. Responsable c'est-à-dire comme unique et élu, comme un *je* qui n'est plus n'importe quel individu du genre humain. Tout se passe comme si le surgissement de l'humain dans l'économie de l'être renversait et le sens et l'intrigue et le rang philosophique de l'ontologie : l'en soi de l'être persistant-à-être se dépasse dans la gratuité du *hors-de-soi-pour-l'autre*, dans le sacrifice ou la possibilité du sacrifice, dans la perspective de la sainteté[14]. »

1. Aristote, *Éthique à Nicomaque* 9, 9.
2. *Ibid.*, 8, 1.
3. *Ibid.*, 9, 10.
4. Diogène Laërce, *Vie, doctrines et sentences des philosophes illustres*, V, 20.
5. Cicéron, *Lelius* XXV.
6. Montaigne, *Essais*, I, 28.
7. Aristote, *Éthique à Nicomaque*, 9, 9.
8. Platon, *Le Banquet*, 200e.

9. *Ibid.*, 211d-e.

10. Gibran Khalil Gibran, *Le Prophète*, chapitre 2 (« De l'Amour »).

11. Jean 13, 34-35.

12. Actes des Apôtres 20, 35.

13. Voir ses ouvrages *Totalité et infini* et *Éthique et infini*.

14. *In* Frédéric Lenoir, *Le Temps de la responsabilité*, Fayard, 1989, pp. 244-245.

13

La non-violence et le pardon

Nous sommes, hélas, de plus en plus souvent confrontés à des actes d'agressivité et même de violence, physique ou verbale. C'est une insulte qui fuse, un harcèlement moral au bureau, une parole offensive dans la rue ou le métro, une bousculade, voire une main qui se lève et nous menace. Nous vivons parfois cela depuis l'enfance : face à nos parents ou à des adultes détenteurs de l'autorité et abusant de celle-ci, nous avions du mal à répondre. En revanche, avec d'autres enfants dans la cour de récréation, notre réaction consistait souvent à répondre aux coups par les coups, aux insultes par les insultes, à la violence par la violence. C'est une réaction naturelle : face à une attaque il est normal de se défendre. De la même manière que notre corps face à l'invasion d'un corps étranger développe spontanément son système de défense immunitaire. Les lymphocytes vont répondre, chassant les virus intrus et tuant les parasites qui se sont introduits en nous. Face à un assaut, nous réagissons de manière semblable : notre «défense immunitaire», le bouclier de protection immédiat, consiste à appliquer la loi du talion. Cet « œil pour œil, dent pour dent » a été mis par écrit pour la première fois au XVIIIe siècle avant notre ère dans le code d'Hammourabi, roi de Babylone, qui autorisait ses citoyens à se venger d'un préjudice dans de justes proportions en rendant à l'identique le coup qui leur avait été porté. Cette loi était destinée à lutter contre une escalade inconsidérée de violence.

La loi du talion est mentionnée à trois reprises dans la Torah, c'est-à-dire dans les cinq premiers livres de la Bible : « Si malheur arrive, tu paieras vie pour vie, œil pour œil, dent pour dent, main pour main, pied pour pied, brûlure pour brûlure, blessure pour blessure, meurtrissure pour meurtrissure » (Exode 21, 23-25). « Ton œil sera sans pitié : vie pour vie, œil pour œil, dent pour dent, main pour main, pied pour pied » (Deutéronome 19, 21). « Si quelqu'un verse le sang de l'homme, par l'homme son sang sera versé » (Genèse 9, 6). Cette mention récurrente est néanmoins contredite par d'autres versets qui appellent au dépassement de la violence et au pardon : « Tu ne te vengeras pas, ni ne garderas rancune, mais tu aimeras ton prochain comme toi-même. Je suis l'Éternel » (Lévitique 19, 18).

Autant la Bible est ambiguë sur cette question (comme le Coran d'ailleurs), autant le refus catégorique de la violence est au cœur même de l'enseignement du Bouddha qui enjoint à ne plus répondre à la violence par la violence, à avoir du respect et de la compassion pour tout être vivant. À son disciple Phagguna, le Bouddha enseigne ainsi : « Même si l'on te frappe avec la main, avec un bâton ou avec un couteau, ton état d'esprit ne doit pas changer, tu n'auras pas de mauvaises pensées, tu répondras par la compassion et l'amour et sans aucune colère[1]. » Un message similaire à celui prôné par Jésus, qui récuse totalement la loi du talion : « Vous avez appris qu'il a été dit : "œil pour œil et dent pour dent". Et moi, je vous dis de ne pas résister au méchant. Au contraire, si quelqu'un te gifle sur la joue droite, tends-lui aussi l'autre. À qui veut te mener devant le juge pour prendre ta tunique, laisse aussi ton manteau. Si quelqu'un te force à faire mille pas, fais-en deux mille avec lui[2]. » Jésus va jusqu'à prôner l'amour des ennemis, ce qui est humainement encore plus difficile : « Je vous le dis à vous qui m'écoutez, aimez vos ennemis, faites du bien à ceux qui vous haïssent, bénissez ceux qui vous maudissent, priez pour ceux qui vous diffament[3]. » Et, unissant les actes à la parole, Jésus pardonne sur la croix à ceux qui le martyrisent et l'insultent.

Pardon et non-violence sont étroitement liés. Je ne parle pas ici de la fuite ni de l'attitude de prudence qui nous enjoint à ne pas répondre à un assaut lorsque le rapport de force nous est défavorable. Dans ce cas la haine ou le ressentiment restent dans notre cœur et une fois le rapport de forces inversé, nous nous empresserons de faire subir à l'autre ce qu'il nous a fait subir. Il ne s'agit donc pas à proprement parler d'une attitude non violente, car elle demeure purement extérieure et stratégique. La véritable éthique de la non-violence répond à une exigence intérieure qui s'appelle le pardon, comme l'ont enseigné les grands apôtres de la non-violence. Gandhi l'a utilisée comme seule stratégie possible pour émanciper l'Inde de l'Empire colonial anglais, et son pari a réussi. Mais il a expliqué à ses compatriotes qu'il ne fallait pas s'arrêter à cette victoire politique : toute haine envers les colonisateurs et envers les autres communautés religieuses devait disparaître pour que l'Inde relève le défi de son émancipation. Nelson Mandela, une fois parvenu au pouvoir en Afrique du Sud, a dit maintes fois qu'il avait pardonné à ceux qui l'ont maintenu vingt-sept ans dans un minuscule cachot et a demandé à tous les citoyens noirs de pardonner aux Blancs pour pouvoir réapprendre à vivre ensemble.

Pourtant, il est important de le souligner, le pardon est un acte non rationnel. La rationalité se situe dans le camp de la justice, qui est la réparation de l'injustice subie. Comme l'explique le philosophe Jankélévitch dans son ouvrage *Le Pardon*, où il qualifie celui-ci, après les camps de la mort, de « surhumaine impossibilité », le pardon est « un horizon inaccessible » dont il faut toutefois se rapprocher. Je dirais que c'est un acte rationnellement dénué de sens, d'autant plus quand il s'agit de pardonner à une personne qui n'a pas envie d'être pardonnée ou qui ne reconnaît pas ses torts. C'est pourtant la seule attitude « guérissante », non seulement pour être en paix avec nous-mêmes mais aussi pour sortir d'un conflit. « Sans le pardon, nous resterions prisonniers de nos actes et de leurs conséquences », affirmait Hanna Arendt. Le pardon n'est ni rationnel ni juste, mais il nous procure joie et sérénité et il est la condition nécessaire à l'extinction de la violence. Pardonner, ce n'est pas oublier. C'est réussir à apaiser la blessure suscitée par autrui, dans un contexte, un environnement donnés, et à tout mettre en œuvre pour que la situation source de la blessure ne se reproduise plus. C'est toujours un choix profond, personnel, un acte du cœur, un acte spirituel, parfois inexplicable, et non dénué d'une certaine dimension mystique. De par son caractère quasi surhumain, toutes les religions l'ont décrit comme le sommet de la spiritualité et bien peu de philosophes, même lorsqu'ils l'ont prôné, ont pu trouver une explication purement logique pour le justifier.

J'étais jeune encore quand j'ai lu des textes de Gandhi et découvert le principe qui a guidé toute son action politique et abouti à l'indépendance de l'Inde : l'*ahimsha*, qui signifie l'abstention de tout désir de violence qu'il fonde sur la force de la vérité et de « l'amour pur ». Je me suis ensuite particulièrement intéressé au sort du peuple tibétain et j'ai été frappé par la ligne constante du dalaï-lama dans le refus de toute action violente contre la Chine, alors que son pays subit une répression sanglante depuis plus de soixante ans dans un isolement politique international complet. Devant l'absence de résultats tangibles, devant la souffrance de son peuple, devant le fait que les autorités chinoises ne cessent de le diaboliser alors qu'il ne cesse de leur tendre la main et de faire des concessions majeures, je me suis souvent demandé s'il avait fait le bon choix. Cette question hante aussi de nombreux jeunes Tibétains tentés par des actions violentes contre la Chine. L'échec du dalaï-lama tient essentiellement dans le fait que la Chine, à l'inverse de la Grande-Bretagne qu'a eu à combattre Gandhi, n'est pas une démocratie. Si l'Angleterre avait été une dictature, il est probable qu'elle aurait écrasé la rébellion dans le sang. Il en va tout autrement avec la Chine communiste qui préférera massacrer les Tibétains jusqu'au dernier plutôt que d'abandonner un territoire aux enjeux militaires et économiques majeurs. Malgré cela, je suis aujourd'hui convaincu que le choix du dalaï-lama est le bon. Non seulement pour des raisons spirituelles, puisque le leader tibétain rappelle que le refus de la violence est inscrit au cœur du message bouddhiste, mais aussi pour des raisons politiques. Les autorités chinoises attendent que les Tibétains commettent des actions terroristes pour justifier une répression plus terrible encore et légitimer la tyrannie qu'elles exercent sur ce peuple. Non seulement ces actions de résistance violente seraient dérisoires face à la puissance militaire chinoise, mais elles feraient perdre en quelques jours l'immense capital de sympathie engrangé par l'attitude pacifiste du leader tibétain, attitude qui lui a valu le prix Nobel de la paix en 1989. Ce soutien des opinions publiques mondiales sera peut-être un jour la clé d'un changement de politique du gouvernement chinois.

Je crois que les combats non violents et les témoignages héroïques de pardon sont toujours efficaces à long terme car ils font progresser la conscience de l'humanité entière, et ce malgré les échecs immédiats ou les fins souvent tragiques des artisans de paix. Socrate et Jésus furent mis à mort. Plus près de nous, Gandhi, Martin Luther King, Yitzhak Rabin ont payé de leur vie leurs choix pacifistes. Mais leur témoignage a marqué en profondeur nos consciences, les faisant évoluer vers un bien supérieur, un désir de bonté et de fraternité. Car si le mal est contagieux, le bien l'est aussi, et peut-être plus puissamment encore.

Nous avons tous été bouleversés par le témoignage du Dr Ezzeddine Abu al-Aish, militant palestinien pacifiste qui était interviewé en direct, depuis Gaza, en janvier 2009, par la télévision israélienne, quand un tir de char sur sa maison a tué, sous ses yeux, ses trois filles et l'une de ses nièces. Quelques heures plus tard, en direct de l'hôpital, il dira, les larmes aux yeux, à la télévision israélienne : « Il n'existe aucune différence entre Israéliens et Palestiniens, nous pouvons vivre ensemble. En paix. »

Ces actes héroïques peuvent nous servir de modèles dans notre quotidien, pour ne pas répondre à une agression physique ou verbale. Notre vis-à-vis, qui attend une réponse conforme à la loi du talion, est d'emblée surpris. En n'entrant pas dans le rapport de forces, nous le déstabilisons. Il arrive parfois que je sois agressé verbalement lors de conférences ou de débats publics. Je refuse toujours de répondre sur le même ton polémique, d'entrer dans le rapport de forces, de chercher à ridiculiser mon questionneur, ce qui est assez facile lorsque le public nous est acquis. Bien souvent cela a pour effet de faire retomber la hargne de mon interlocuteur. À d'autres moments, face à l'animosité récurrente, je me suis forcé à ne jamais chercher à me venger. J'aimerais rapporter ici une petite anecdote liée à ma vie professionnelle, qui montre comment une situation pénible de rivalité, que nous connaissons presque tous, peut se transformer radicalement par un simple geste. Un collègue universitaire n'a cessé pendant plus de dix ans de dire publiquement du mal de moi, allant jusqu'à me donner en exemple chaque année à ses élèves comme un cas exemplaire d'incompétence! Je ne comprenais pas cette attitude et je me contentais d'éviter de lui répondre, dans une sorte de distance un peu dédaigneuse. Et puis un jour je découvre un excellent livre écrit par ce même collègue et décide d'en faire une bonne recension dans le journal que je dirige. Ma collaboratrice qui s'occupait des pages culture du journal a tout fait pour m'en dissuader, arguant du mal qu'il avait pu dire de moi. «Justement, c'est parce qu'il ne cesse de me critiquer que nous allons parler de manière très positive de son livre», lui ai-je répondu à sa grande stupéfaction. Après ce geste, cet universitaire a demandé à me rencontrer et m'a expliqué qu'il m'en voulait terriblement pour avoir critiqué dans un livre la thèse de l'un de ses ouvrages. Je ne m'étais à l'époque pas rendu compte de la virulence de ma critique et j'ai alors compris son ressentiment envers moi. Nous

nous sommes demandé pardon mutuellement et sommes devenus depuis d'excellents amis.

Ce ne sont que des petits exemples du quotidien, mais ils sont importants car si le pardon et la non-violence ne commencent pas dans les relations avec nos proches, ils ne pourront jamais s'étendre au monde entier. À quoi sert de critiquer l'aveuglement des belligérants des conflits internationaux si nous ne sommes pas capables nous-mêmes de dépasser nos peurs et nos ressentiments, de pardonner à ceux qui nous ont blessés ?

Lorsque nous restons malgré tout meurtris par une blessure, des méthodes spirituelles peuvent nous aider à dissiper notre haine ou notre colère. La prière peut aider les croyants à le faire et je suis toujours surpris quand j'entends des discours de haine, de vengeance ou de mort prononcés par des personnes qui se disent religieuses : la religion ne leur sert-elle donc que d'alibi pour leurs convictions politiques ? Une parole du Christ m'a personnellement aidé à apprendre à pardonner. Alors qu'il est sur la croix, injustement humilié et torturé et qu'il attend la mort, il s'adresse ainsi à Dieu : « Père, pardonne-leur car ils ne savent pas ce qu'ils font[4]. » Il implore Dieu pour ses bourreaux en invoquant leur ignorance. Savoir que celui qui nous a blessés n'a pas conscience de son acte, qu'il est peut-être pulsionnel, instinctif, mû par la peur ou bien influencé par un discours de propagande, peut grandement nous aider. Bien souvent aussi, celui qui nous agresse est lui-même en souffrance. Le comprendre

nous aide à pardonner. J'ai beaucoup aimé un dessin animé sorti au cinéma en 1998 : *Kirikou et la sorcière*. L'histoire a pour théâtre l'Ouest africain où un
village est victime de la malédiction d'une sorcière,
Karaba, qui fait régner la terreur, asséchant les
rivières et enlevant tous les hommes. Le petit
Kirikou veut comprendre pourquoi la sorcière est si
méchante et découvre que c'est parce qu'elle souffre :
depuis son enfance, une épine lui transperce le dos.
Il lui ôtera l'épine et, en même temps, la délivrera de
sa méchanceté. Destiné aux enfants, ce dessin animé
est porteur d'un message profond : face à un
«méchant», il faut commencer par se demander ce
qui le fait souffrir, essayer de comprendre ce qui
pourrait être à l'origine de son agressivité. En com-
prenant, nous pouvons plus facilement pardonner.

Il existe dans le bouddhisme tibétain une tech-
nique de visualisation qui peut aider toute personne, même non religieuse, à sortir de la haine, de
la colère ou de l'esprit de vengeance. Comme elle est
simple et efficace, je souhaite en donner ici les
bases. L'exercice de visualisation se déroule en une
succession de séquences. En inspirant profondément, on «voit» la personne qui nous trouble entourée de noir. En expirant, on lui «envoie» de la
lumière et on la «voit» entourée d'un halo de plus
en plus clair, de plus en plus positif. Au bout de
quelques séances, on s'aperçoit que l'on ressent
beaucoup moins d'agressivité envers elle. On en
arrive souvent à éliminer toute animosité et même à
lui vouloir du bien, parce que l'on a ressenti à travers l'exercice, en l'incarnant dans son souffle, dans

son corps, que cette personne est dans l'ignorance, qu'elle est malheureuse, qu'elle souffre. La colère cède alors progressivement la place à la compassion.

Comme je l'ai évoqué plus haut, à travers un travail introspectif, en apprenant à me connaître, j'ai découvert la compassion envers moi-même et envers les autres. J'ai compris que nous sommes tous capables du pire, non parce que nous sommes viscéralement mauvais, mais parce que nous sommes fragiles, blessés, frustrés. Nous avons des attentes auxquelles l'autre ne répond pas : nous allons alors le provoquer jusqu'à ce qu'il réagisse, nous allons lui faire du mal parce que nous avons mal. Une fois que nous avons admis la faille en nous, nous ne pouvons plus avoir de jugements péremptoires sur les autres, nous nous situons plutôt dans une attitude de compréhension qui, entendons-nous, ne signifie pas l'autorisation des agressions, mais la maîtrise de notre propre violence en réponse à la violence. Notre hostilité se transforme en compassion, elle cesse d'être ce sentiment négatif qui nous dévore de l'intérieur et nous rend malheureux. Prenant conscience de notre ambiguïté intrinsèque, de notre propre complexité, nous devenons forcément plus tolérants

Personnellement, chaque fois que j'ai répondu à la violence par la générosité, chaque fois que j'ai dépassé la vengeance, j'ai ressenti en moi la joie d'avoir résisté à un acte instinctif pour rentrer dans une humanité profonde. À l'inverse, lorsque j'ai cédé au désir de vengeance, lorsque j'ai rendu coup pour coup et insulte pour insulte (cela m'arrive en voiture!), j'ai ressenti regret et tristesse. En agissant ainsi, je sens que je reste complice du mal qui ronge ce monde depuis les origines : la violence mimétique, parfaitement analysée par le philosophe René Girard, qui entraîne l'humanité dans une voie de destruction sans issue. Apprenons donc à lui opposer la force de l'amour et du pardon : c'est l'acte de résistance le plus courageux, le plus exigeant et le plus salutaire qui soit.

1. Majjhima Nikaaya, 21, 6.
2. Matthieu 5, 38-42.
3. Luc, 6, 27
4. Luc 23, 34.

14

Le partage

La non-violence consiste-t-elle uniquement à s'abstenir d'agresser l'autre ou à ne pas répondre à son attaque ? Cette conception passive est déjà essentielle, nous venons de le voir, néanmoins je crois qu'il faut aller plus loin et militer pour une non-violence active, qui implique non seulement l'abstention de violence, mais aussi la prise d'initiatives ayant pour objectif de contribuer à créer les conditions d'une société harmonieuse et de rapports humains justes et solidaires. Dans ce sens, être non violent signifie apprendre à partager.

L'une des grandes menaces qui pèsent sur nos sociétés est la répartition fortement inégalitaire des richesses. Pour dire les choses de manière simple : les pauvres sont de plus en plus pauvres et les riches de plus en plus riches. Or l'accentuation des inégalités, certes inhérentes au modèle économique libéral de nos sociétés, crée de la violence. Après la désastreuse expérience communiste, on sait pourtant que ce système est le moins mauvais qui soit. Néanmoins, quand ce modèle dérape, ce qui est actuellement le cas, il accouche d'un monstre. Quand des individus richissimes emploient des moyens inimaginables pour échapper à la redistribution de leurs richesses, s'exilant là où ils paient moins d'impôts et protégeant leur fortune dans les paradis fiscaux, le seuil d'alerte est dépassé. Comment en serait-il autrement quand ceux qui gagnent un salaire minimal ou sont au chômage et ne parviennent pas à boucler leurs fins de mois voient des milliards d'euros être ainsi dissimulés par crainte d'un partage ? Quand ils se rendent compte tous les jours que des capitaines d'industrie et des actionnaires continuent de s'enrichir par tous les moyens, exilant non seulement leurs capitaux mais aussi leurs usines, au risque de déséquilibrer totalement l'infrastructure sociale au détriment de ceux qui continuent de s'appauvrir ? Ce qui est vrai à l'échelle de nos sociétés l'est tout autant à celui de la planète, où l'inégalité dans la répartition des richesses entre le Nord et le Sud ne cesse de s'accroître. Au sein même des pays du Sud, le modèle des sociétés traditionnelles a disparu, cédant la place à des inégalités encore plus criantes qu'au Nord, entre classes au pouvoir monopolisant tous les biens et citoyens réduits à la pauvreté la plus extrême. Or, du fait des chaînes télévisées satellitaires, ces gens savent que non loin d'eux d'autres pays vivent dans l'opulence et ils tentent donc de les rejoindre, souvent au péril de leur vie. En viendra-t-on un jour à opposer aux flux migratoires du Sud le crépitement des mitraillettes du Nord ?

Il ne s'agit pas uniquement de problèmes de

société, mais d'une question qui se pose à chacun d'entre nous, car si les États peuvent, de manière concertée, tenter de réguler certains excès du système financier et lutter contre le fléau des paradis fiscaux, leur marge de manœuvre est limitée par le système libéral qui préserve la liberté d'entreprise. Aussi la réponse viendra principalement de ceux qui refuseront d'entrer dans la logique égoïste du chacun pour soi. Si les riches et les très riches acceptaient la logique du partage, bien des choses changeraient sur la planète.

C'est le message des sages et des spirituels de l'humanité, qui n'ont jamais condamné la richesse, mais le refus du partage. « Celui qui a de quoi vivre en ce monde, s'il voit son frère dans le besoin sans se laisser attendrir, comment l'amour de Dieu pourrait-il demeurer en lui[1]? » s'exclame l'apôtre Jean dans une lettre magnifique écrite à la fin de la vie. « Mes enfants, nous devons aimer, non pas avec des paroles et des discours, mais par des actes et en vérité », poursuit-il. Le Bouddha a voulu que ses moines vivent de manière très frugale de ce que les laïcs leur offraient. À ces derniers, il demande de partager et d'user de leurs richesses avec mesure, en pleine conscience du caractère transitoire de tous les biens matériels. Jésus fait lui aussi du partage et de la charité l'un de ses commandements. « Donne à qui te demande[2] », dit-il, tout en lançant cet avertissement : « Quand tu fais l'aumône, ne fais pas sonner de la trompette devant toi [...]. Que ta main gauche ignore ce que donne ta main droite, afin que ton aumône reste dans le secret. Ton Père voit ce que tu fais dans le secret : il te le revaudra[3]. » Son insistance sur la pratique du partage et de la charité est telle que celle-ci deviendra l'un des principaux signes distinctifs des premiers chrétiens qui mettaient tous leurs biens en commun. Cet acte, insiste Jésus, est le devoir de tous, les riches comme les pauvres : chacun doit donner à sa mesure. Et il illustre cette exhortation par un exemple, celui d'une pauvre femme qui dépose ses deux dernières pièces dans le tronc du Temple où les riches mettent de grosses sommes : « Cette pauvre veuve a mis dans le tronc plus que tout le monde. Car tous, ils ont pris sur leur superflu, mais elle, elle a pris sur son indigence. Elle a tout donné, tout ce qu'elle avait pour vivre[4]. » Le don, ou *zakat*, est également l'un des cinq piliers de l'islam. La tradition musulmane a longuement commenté cette obligation religieuse destinée à garantir un partage des richesses, bien que ce ne soit pas là son unique objectif. L'islam considère en effet que celui qui donne sera récompensé par Dieu. Ainsi, l'abondance de biens dont bénéficiait le prophète Mohamed à la fin de sa vie est considérée comme un don de Dieu, un retour de grâces pour celui qui a donné. Et l'une des formules de remerciements privilégiées dans la langue arabe dit : « Dieu te le rendra. » On retrouve cette idée, dans un autre contexte, à travers la très belle prière de François d'Assise qui s'adresse ainsi à Dieu : « Fais que je ne cherche pas tant à être consolé que de consoler, d'être compris que de comprendre, d'être aimé que d'aimer. Parce que c'est en donnant que l'on reçoit. C'est en s'oubliant soi-même qu'on se retrouve soi-même. »

Il n'est pas demandé aux riches de donner tout leur argent aux pauvres, mais seulement leur super-flu. Il leur est demandé de ne pas entrer dans une logique d'acquisition sans fin qui n'apportera ni paix sociale, ni bonheur individuel. Cette idéologie consumériste, cette logique de l'avoir qui touche tant d'individus, riches ou pauvres, persuadés que leur bonheur viendra de la consommation et de l'ac-cumulation des biens matériels, ronge notre monde actuel. Or si un minimum d'argent et de confort est utile, il importe de sortir de la logique du « toujours plus » qui est devenue notre mot d'ordre. Car la quête matérielle est par nature insatiable : elle nous pousse à vouloir posséder toujours plus au détri-ment des équilibres sociaux et écologiques de la pla-nète. Cela nuit au bien commun, qui exige modération et partage du superflu, mais également à notre propre bonheur individuel qui, contraire-ment aux mensonges de la publicité, ne provient pas de l'argent et des biens matériels. Pour être heureux, il faut savoir développer des qualités qui relèvent non pas de la logique de l'avoir, mais de celle de l'être. C'est la raison pour laquelle les sages et les spirituels de l'humanité se sont volontairement limi-tés dans l'acquisition des biens matériels, faisant parfois un choix de radical dépouillement.

Socrate, par exemple, avait choisi de vivre dans un certain dénuement et de ne pas monnayer ses enseignements tandis que les sophistes de son époque se faisaient chèrement payer pour les leçons qu'ils prodiguaient à la jeunesse dorée athénienne. Deux auteurs qui lui étaient contemporains, Eupolis et Aristophane, se sont moqués de lui dans leurs comédies en le traitant de gueux, de va-nu-pieds, de mendiant. Xénophon, qui fut son élève, fait dire à l'un de ses personnages, Antiphon : « Pas un esclave ne resterait chez son maître s'il devait y être aussi démuni que toi[5]. » Cependant, Socrate persistait à refuser tout salaire et à exercer gratuitement son talent. Pour autant, il ne prônait pas l'ascétisme ni les mortifications mais, à la manière du Bouddha, « la température, cette vertu qui consiste à ne pas être esclave de ses désirs mais à se mettre au-dessus d'eux, et à vivre avec modération[6] ». Socrate ne sera pas l'unique philosophe de la Grèce antique à tenir ce langage. À Athènes, vers la fin du IIIe siècle, Épicure inaugura son école dans un jardin qu'il cultivait lui-même, estimant que l'autosuffisance est gage de liberté. Il proposait une quête du plaisir, mais ne recherchait pas le plaisir à tout prix, comme le laisserait entendre la compréhension moderne du mot « épicurien ». Au contraire, il prônait un ascétisme modéré et une vie sobre qui satisfaisaient sans excès les désirs « naturels et nécessaires », comme la faim, le froid ou la soif, en s'éloignant, à la manière bouddhiste, de tout ce qui peut être cause de souffrances. Dans sa très courte lettre à Ménécée, un petit bijou où il résume l'essentiel de sa doctrine, Épicure explique ce qu'est, pour lui, la « vie bienheureuse », celle au cours de laquelle nous ne souffrons pas et notre âme n'est pas troublée :

« Quand donc nous disons que le plaisir est notre but ultime, nous n'entendons pas par là les plaisirs des débauchés ni ceux qui se rattachent à la jouissance matérielle. » Et il insiste plus loin : « Ce ne sont pas les beuveries et les orgies continuelles, les jouissances des jeunes garçons et des femmes, les poissons et les autres mets qu'offre une table luxueuse qui engendrent une vie heureuse, mais la raison vigilante, qui recherche minutieusement les motifs de ce qu'il faut choisir et de ce qu'il faut éviter. » Comme tous les autres sages de l'Antiquité, Épicure associe donc le bonheur à une vie vertueuse : « On ne peut pas être heureux sans être sage, honnête et juste. Les vertus, en effet, ne font qu'un avec la vie heureuse, et celle-ci est inséparable d'elles. »

Il est capital de prendre conscience que le vrai bonheur n'est pas une affaire de possessions : nous pouvons être heureux avec peu de choses. Dans ma vie, j'ai moi-même traversé différentes phases. J'ai connu la pauvreté quand je me suis retiré quelques années dans une communauté religieuse. Avant d'entamer cette démarche, j'avais distribué tous mes biens, jusqu'à mes disques et mes livres auxquels je tenais pourtant beaucoup. Je ne possédais plus rien mais, dans ce dépouillement total, j'ai été libre et heureux. Par la suite, j'ai connu des périodes de vie matérielle difficiles. Je vivais à Paris avec un petit revenu et j'ai su apprécier l'aide ponctuelle de mes parents ou d'amis qui m'ont permis de sortir des difficultés passagères et d'éviter, par exemple, d'être obligé de quitter le studio que je louais. Aujourd'hui je gagne bien ma vie. Cette aisance matérielle ne me rend ni plus ni moins heureux que dans le passé. Elle me permet d'être totalement libre de mes choix professionnels et de pouvoir vivre dans un beau cadre de vie, propice à la réflexion et à l'écriture. Mais les signes extérieurs de richesse me laissent totalement indifférent.

Aujourd'hui comme hier, mon bonheur tient à tout autre chose qu'aux biens matériels : celui de me réaliser moi-même et d'être dans une relation harmonieuse avec les autres ; d'avoir la liberté de pouvoir penser et écrire tous les matins en écoutant Bach sous l'œil intrigué de mon chat noir qui ronronne à côté de moi. Celui d'aller me détendre par une promenade en forêt ou par un entraînement de foot avec une bande de joyeux copains. Comme le dit si justement Diogène : «Les choses nécessaires coûtent peu, les choses superflues coûtent cher.»

Une bonne part de mes revenus part en impôts et c'est tant mieux. Même si je suis parfois agacé devant le gâchis de l'argent public, je suis fier de vivre en France, un pays où il existe une sécurité sociale pour tous, un revenu minimum pour les plus démunis, une assurance chômage, des aides publiques aux personnes âgées, aux familles, aux jeunes étudiants sans ressources, aux handicapés. Accepter de payer beaucoup d'impôts quand on gagne bien sa vie, c'est la première manière de partager. C'est pourquoi, contrairement à d'autres écrivains, je ne souhaite pas aller vivre en Irlande, en Belgique ou en Andalousie. Et puis il fait si bon vivre en France !

Le partage

1. 1 Jean 3, 17-18.
2. Matthieu 5, 42.
3. Matthieu 6, 2-4.
4. Marc 10, 41-44.
5. Xénophon, *Les Mémorables*, I, VI, 1.
6. Platon, *Phédon*, 68c.

15

Attachement et non-attachement

L'une des clés essentielles d'une « vie bonne » réside donc dans le non-attachement aux objets. Il nous importe bien sûr à tous d'avoir un toit, de manger chaque jour à notre faim. Pour le reste, le bonheur et le malheur dépendent essentiellement d'autres facteurs : l'amour, la liberté, la santé, la maîtrise de soi. Il nous faut donc apprendre à accueillir la vie comme elle se présente, avec ses hauts et ses bas, ses périodes fastes où nous profitons parfois de plaisirs superflus, et ses périodes plus difficiles où nous l'apprécions pour des plaisirs plus profonds. La philosophie bouddhiste selon laquelle tout est impermanent, tout change, tout est en mouvement me paraît très juste. Elle fonde une philosophie du « non-attachement » : nous ne devons pas nous attacher à ce qui est impermanent. Nous pouvons être un jour en bonne santé, et en mauvaise santé le lendemain ; riche un jour, pauvre le lendemain ; connu et vénéré un jour, maltraité et vilipendé le lendemain. Rien ni personne ne peut garantir la stabilité des honneurs ni des richesses.

La philosophie bouddhiste du non-attachement se retrouve d'ailleurs dans les principales philosophies de l'Antiquité, comme nous l'avons vu dans les chapitres précédents où j'ai cité les épicuriens et les stoïciens, ainsi que dans les enseignements de toutes les grandes religions qui ne condamnent pas la matière ou les plaisirs des sens, mais l'attachement aux choses matérielles et à l'argent. Si Jésus était une sorte de vagabond sans domicile fixe, certains de ses disciples étaient relativement aisés, comme Marthe, Lazare et Marie de Béthanie. Il ne leur demande pas de renoncer à leurs biens, mais exige toujours un détachement à l'égard de l'argent : « Nul ne peut servir deux maîtres, ou il haïra l'un et aimera l'autre, ou il s'attachera à l'un et méprisera l'autre. Vous ne pouvez servir Dieu et l'argent[1]. »

Le non-attachement est une philosophie qui ne prône pas l'ascèse et qui n'implique pas un mépris des choses matérielles, mais simplement le refus de s'y attacher. Il est normal d'éprouver du plaisir à avoir un confort matériel, une maison, un ordinateur et une voiture qui fonctionnent bien, à voyager et à s'offrir des loisirs. L'essentiel est de rester vigilant, ne pas céder aux sirènes de l'attachement à tous ces objets qui sont à notre service, mais dont la perte ne doit pas nous plonger dans l'affliction, ni toucher notre âme. Nous ne sommes pas leurs esclaves... mais nous leur devons quand même du respect. Il n'est pas juste de laisser tomber en ruine sa maison, d'avoir un jardin et de ne pas le défricher. Le mépris pour les choses matérielles, tout à fait regrettable, est d'ailleurs souvent lié à un mépris du corps. Ne pas s'attacher aux choses périssables ne signifie pas haïr ou mépriser le corps et tout ce qui relève de la matière, comme cela est parfois le cas dans certains courants ascétiques religieux. Comme je l'ai dit précédemment, aimer et entretenir son corps de manière juste participe de la vie spirituelle et contribue à son épanouissement. Aimer notre environnement, lui donner un peu de son temps pour l'améliorer, l'embellir se situe dans une démarche identique. En gardant, je le répète, la distance nécessaire pour ne pas devenir esclaves de notre corps, de nos passions, ou de notre habitat.

Si j'adhère à la philosophie bouddhiste du non-attachement aux objets matériels, je ne suis pas convaincu par son extension aux personnes. Le Bouddha prône en effet le non-attachement à tous les êtres vivants, y compris ceux qui nous sont les plus proches, nos parents, nos conjoints ou nos enfants. Comme l'univers entier, dit le Bouddha, ceux-ci sont également soumis à la loi de l'impermanence : un jour ils partiront, ils mourront, ils se détacheront de nous, nous en souffrirons. Le message bouddhiste se veut un antidote à la souffrance, laquelle est engendrée par l'attachement. En ce sens, le Bouddha a tout à fait raison : si on veut éviter toute souffrance, mieux vaut ne jamais s'attacher à qui que ce soit. Mais alors que devient l'expérience de l'amour et de l'amitié qui sont une condition à notre épanouissement : l'absence d'amour, donné et reçu, dessèche l'âme. Or je ne crois pas que nous puissions aimer sans nous attacher. Que nous puissions aimer, et rester impassibles si l'être que nous aimons meurt. On peut certes aimer de compassion tous les êtres vivants, mais on ne peut pas entrer dans une relation personnelle, aimer vraiment une personne en particulier, et en être en même temps totalement détachés. J'ai d'ailleurs vu des moines bouddhistes, qui méditaient depuis vingt ou trente ans, pleurer à la mort de leur maître spirituel. Ils s'étaient certes éloignés de leur famille, ils n'avaient ni épouse, ni enfants, mais leur maître représentait tout pour eux. Ils s'étaient profondément attachés à lui comme on s'attache à une mère, à un père, à une femme. Ceux-là connaissaient bien le message du Bouddha et le mettaient en pratique, mais ils souffraient de la mort de leur maître comme n'importe quel humain qui perd un être aimé. Cela montre la limite de la théorie, et c'est tant mieux, car l'être humain, pour être pleinement humain, se relie naturellement à ses proches, il tisse avec eux des liens affectifs profonds et forts. Jésus n'a pas échappé à cette loi universelle. «Celui que tu aimes est malade», lui disent ses proches au sujet de son ami Lazare. Il abandonne tout, se rend à son chevet, et apprend alors que Lazare est mort. Son âme est ébranlée. «Il versa des larmes», disent les Évangiles, non pas une larme, mais toutes les larmes de son corps, puis il «frémit à nouveau», visiblement bouleversé, avant d'ordonner au mort : «Lazare, viens dehors[2] !»

Cette capacité de se lier aux êtres aimés est peut-être une faiblesse selon l'analyse bouddhiste, mais elle fait néanmoins la beauté de l'être humain. Nous ne sommes pas des dieux, nous ne sommes pas des machines. D'ailleurs, cette affection peut aussi se porter sur des animaux qui nous sont proches. J'ai été très malheureux lorsque j'ai perdu mon chien, Gustave. Je l'avais récupéré à la SPA alors qu'il avait un an. Il ne m'a pour ainsi dire jamais quitté pendant huit ans. Et lorsqu'il est mort dans mes bras, dans le jardin de ma maison de campagne, mon cœur s'est brisé comme si je perdais un de mes meilleurs amis. J'ai connu évidemment d'autres deuils douloureux de parents ou d'amis et je n'ai jamais pensé que c'était une raison pour ne plus aimer, ne plus s'attacher. La vie implique la souffrance de la perte des êtres aimés et il faut l'accepter. Le déchirement de la rupture ou du deuil est le prix à payer de l'amour. C'est un prix élevé, mais il me semble nécessaire de l'accepter lucidement pour vivre de manière pleine.

1. Matthieu 6, 24.
2. Jean 11, 3-43.

16

L'adversité est un maître spirituel

Un nouveau culte s'est développé dans nos sociétés modernes : celui de la performance, de la réussite, de la «gagne». Cette idéologie du succès nous impose de réussir dans tous les domaines, et les médias véhiculent à longueur de temps des images de «gagnants», présentés en modèles dignes d'attention. L'échec est mal perçu, et donc mal vécu. «On», c'est-à-dire la famille, l'école, la société, nous dit, depuis notre enfance, que nous n'avons pas droit à l'échec. Une pression redoutable pèse sur chacun d'entre nous.

Ce culte est l'héritier de l'idée moderne de l'accomplissement de soi, née en Europe entre le XVIIIe et le XIXe siècle. Cette idée a été propulsée par les Lumières et leur volonté d'émanciper l'individu pris jusque-là sous la tutelle de la religion, seule ordonnatrice de la société, et emprisonné dans une gangue sociale qui lui était imposée par sa naissance. À l'ordre immuable établi, dans lequel chacun devait tenir son rôle et montrer son utilité (il fallait que le marin soit un bon marin, le cordonnier un bon cordonnier, la mère de famille une bonne mère de famille), les Lumières ont opposé les notions de changement et de progrès, c'est-à-dire de perfectionnement sans fin, individuel et collectif, vers le bonheur et la liberté. En 1780, dans *L'Éducation du genre humain*, Lessing affirme que la perfection peut advenir par l'éducation et l'usage de la raison afin de conduire l'homme vers un âge d'or. La notion de progrès inéluctable s'est transformée en moteur idéologique, et avec elle s'est imposée l'idée selon laquelle chaque individu doit développer son potentiel, ses capacités, ses dons, sa créativité, trouver la voie qui lui convient. «Que dit ta conscience? Tu dois devenir ce que tu es[1]», écrit Nietzsche à plusieurs reprises. Ce n'est pas une idée négative, bien au contraire : elle a autorisé chacun à sortir du chemin qui lui était tracé pour s'accomplir; à titre personnel, je reconnais que j'y adhère pleinement. Je suis toutefois inquiet quant aux dérives de cette quête dès lors que se greffe l'obligation de réussite, de performance, de réalisation de soi, et de bonheur. Dans nos sociétés, que je qualifierais d'hypermodernes, le but est devenu inatteignable, et le plus grave est qu'il a été présenté comme étant à la portée de tous, pour peu qu'on y mette de la volonté.

Le culte de la performance revêt de nos jours un caractère impitoyable. Un divorce, la perte d'un emploi sont ressentis comme des échecs personnels graves. Une femme doit désormais être une parfaite épouse ou compagne, une maîtresse sexy, une mère de famille disponible, et, bien entendu, il faut qu'elle soit aussi parfaitement accomplie sur le plan professionnel. La pression est telle que, confrontée aux échecs, beaucoup s'effondrent. Comme je l'ai déjà évoqué plus haut, la dépression est souvent la conséquence, directe ou indirecte, de l'incapacité à atteindre les objectifs de performance et de réalisation de soi que la société nous donne – et que nous nous donnons nous aussi, sous l'influence des codes sociaux.

Une conversion du regard s'impose. Il est temps d'admettre que, non seulement l'échec n'est pas un drame, mais qu'il peut bien souvent devenir un événement positif. Son premier atout, qui est loin d'être négligeable, consiste à nous remettre dans une attitude d'humilité face à la vie. Il nous contraint à accepter la vie telle qu'elle est et non pas telle que nous la voulons ou la rêvons. La vraie souffrance, comme je l'ai rappelé à la suite des philosophes stoïciens, mais aussi taoïstes, naît de notre résistance au changement, au mouvement de la vie, à son flux. Alors, réjouissons-nous quand il y a des hauts ; et quand des bas se présentent, acceptons-les et faisons en sorte qu'ils nous servent de tremplin. En ce sens, je considère nos échecs comme autant de maîtres spirituels, c'est-à-dire de guides qui nous aident à rectifier notre trajectoire. Ils appartiennent à la loi de la vie, et je pense que leur présence, qui nous est naturellement désagréable sur le moment, est néanmoins indispensable à la globalité de notre parcours. Pour qu'ils soient de vrais maîtres, néanmoins, nous devons transformer le regard que nous portons sur eux. Plutôt que vivre chaque échec comme un drame, entendons-le comme l'occasion d'un éveil, d'une prise de conscience. Essayons d'en tirer des leçons plutôt que perdre notre énergie à ressasser ses causes et ses conséquences. Considérons d'emblée que la difficulté qui nous frappe n'est pas un drame, mais une occasion de réfléchir à notre vie, de l'appréhender autrement.

J'ai moi-même été confronté à de nombreux échecs, notamment professionnels, qui ont été autant d'opportunités pour avancer et me réorienter jusqu'à trouver finalement ma véritable voie. Après mon baccalauréat, j'ai voulu intégrer Sciences Po-Paris et j'ai échoué de peu à l'examen. J'en ai été profondément déstabilisé et j'ai pris conscience que je m'étais sans doute engagé dans cette voie pour suivre les traces de mon père, qui avait lui-même fait Sciences-Po et l'ENA, alors que, au fond de moi, j'avais davantage envie d'étudier la philosophie. Je ne me suis donc pas obstiné à repasser l'examen d'entrée à Sciences-Po, comme le font la plupart de ceux qui échouent une première fois, et me suis inscrit à l'université. Mes années d'études philosophiques et sociologiques qui ont suivi ont été un pur bonheur et constituent encore aujourd'hui un socle d'apprentissage et de connaissance qui m'est très précieux. À vingt-quatre ans, j'ai trouvé un emploi comme directeur de collection dans une grande maison d'édition parisienne. Après cinq ans, on m'a proposé une embauche définitive dans la voie royale de la direction littéraire. J'en étais ravi, le contrat était prêt. C'est alors que le directeur de cette maison déjeune avec mon père qu'il connaissait pour l'avoir jadis publié. Au cours du déjeuner mon père le remercie de m'offrir cet emploi, en dépit de mon «instabilité» et de ma «fragilité émotionnelle». Le directeur change aussitôt d'avis et me propose de conserver un statut qui ne me convenait plus. Sur le coup, le choc fut très dur. J'en ai évidemment voulu à mon père qui n'avait pourtant aucune conscience d'avoir ainsi torpillé ma carrière. J'ai compris un peu plus tard, à travers une psychanalyse, qu'il était dans une rivalité inconsciente avec moi et m'avait transmis une injonction paradoxale : sois quelqu'un d'important dont je puisse être fier, mais ne me dépasse jamais! D'où sa maladresse/lapsus avec l'éditeur et d'autres paroles de ce type, qui n'ont plus eu de prise sur moi et d'influence sur ma vie lorsque je me suis libéré, à travers un travail thérapeutique, de son regard et du lien symbiotique qui m'unissait à lui. Mais revenons à cet échec. J'ai été très malheureux pendant plusieurs mois et me suis posé la question de tenter ma chance ailleurs que dans l'édition. J'avais déjà écrit quelques livres, et après réflexion, j'ai compris que la recherche et l'écriture, et non l'édition me faisaient vraiment vibrer intérieurement. J'ai donc décidé de vivre positivement cet échec pour écrire à plein temps et entamer une thèse de doctorat. Je n'avais plus de bureau, de secrétaire, de carte de visite et mes revenus ont baissé de moitié. Pendant plusieurs années, j'ai eu du mal à boucler mes fins de mois. Pourtant je ne l'ai jamais regretté. Ma thèse m'a beaucoup apporté sur un plan personnel. J'étais libre et, progressivement, mes livres ont connu le succès.

Toutefois, avant que je puisse vivre de mon écriture, j'ai connu d'autres échecs professionnels qui m'ont amené à exercer la pratique du lâcher-prise. Pour gagner ma vie, j'ai collaboré pendant quelques années à un grand hebdomadaire tout en faisant de la recherche philosophique et sociologique sur les religions dans un laboratoire du CNRS et de l'EHESS. Je me suis donc dit qu'il serait judicieux d'intégrer le CNRS, ce qui me permettrait de continuer à écrire tout en ayant une plus grande stabilité professionnelle et financière. Malgré une thèse de doctorat réussie avec la meilleure mention et les félicitations du jury à l'unanimité, ainsi qu'un sérieux dossier de publications, j'ai été recalé car je n'avais pas le profil universitaire classique... étant trop impliqué dans les médias! J'ai compris que je ne réussirais pas à faire bouger ce préjugé typiquement français. Aussi, puisqu'on me reprochait de collaborer régulièrement aux médias, ai-je tenté ma chance pour un «véritable» emploi au sein du magazine qui publiait mes articles. Cette fois j'ai été recalé... à cause de mon profil jugé trop universitaire et pas assez journalistique! Ces deux échecs professionnels, coup sur coup, m'ont profondément accablé.

J'ai essayé d'accepter cette situation ubuesque sans trop savoir quelle orientation donner à ma vie professionnelle. C'est alors que j'ai rencontré un romancier étranger. Il m'a posé quelques questions sur mon parcours et m'a demandé quel était mon

rêve d'enfant ou d'adolescent. Je lui ai spontanément répondu : devenir écrivain ou cinéaste. Il a
souri : «Qu'attendez-vous?» Ces paroles ont été le
déclic. Un an plus tard, je publiais mon premier
roman.

Nous sommes tous confrontés à la maladie.
Souvent, et bien qu'il nous soit difficile de l'admettre, elle vient nous avertir d'un déséquilibre qui
n'est pas seulement physique mais qui concerne
plus largement un dysfonctionnement dans notre
vie. La plupart des maladies sont, en ce sens, psychosomatiques, même si d'autres facteurs interviennent. La génétique a révélé que nous avons des
prédispositions innées à de nombreuses maladies.
Nous ne les développons pas toutes, et il arrive
même que nous n'en développions aucune. En règle
générale, les maladies ne se déclarent pas au
hasard : elles interviennent quand nous traversons
une situation qui ne nous convient pas, quand nous
sommes épuisés ou en conflit avec nous-mêmes.
Parfois parce que nous travaillons trop et que nous
ne nous laissons pas assez de temps pour vivre.
Parfois, à l'inverse, parce qu'on a cessé de travailler
et qu'on a «oublié» de se construire soi-même en
dehors de son activité professionnelle. Souvent
aussi parce que nous sommes en conflit intérieur
avec nos parents ou des personnes de notre entou-
rage, conflits qui nous minent sans que nous en
ayons clairement conscience. Nous traversons alors
une «crise».

L'étymologie du mot crise en grec, *crisis*, signifie : nécessité de discerner et de faire un choix. Un échec, une dépression ou une maladie constituent des crises qui nous indiquent qu'il faut changer quelque chose dans notre vie, qu'il est temps de procéder à un choix, parce que «ça ne peut plus continuer comme ça». En ce sens, comme je l'expliquais plus haut, l'épreuve peut être un maître spirituel qui nous ordonne de nous poser, de nous interroger, de nous réorienter. J'ai connu un certain nombre de personnes qui ont traversé des maladies très graves, ce qui n'a pas été mon cas. Elles se sont dans un premier temps effondrées avant de choisir de lutter. Leur lutte ne s'est pas faite seulement par des soins médicaux, mais aussi par des soins psychologiques, par des interrogations spirituelles, par des temps de réflexion. Les personnes qui sont sorties de cette épreuve étaient souvent plus heureuses qu'avant, plus fortes, plus équilibrées face à leur vie nouvelle.

Il en va de même dans tous les domaines de l'existence. Quand on ne choisit pas, quand on ne tranche pas, on laisse *de facto* pourrir un problème qui ne peut se résorber par lui-même. Nous attendons généralement que la crise ait atteint son apogée avant d'intervenir et l'intervention est alors forcément douloureuse. Toute crise, qu'elle soit professionnelle, affective ou relative à la santé, doit être l'occasion de nous poser en priorité la question suivante : «Que faut-il changer?»

Entendons-nous : je ne veux pas ici me lancer dans un éloge de l'échec, de la maladie ou de la souffrance. Tout cela n'est pas un bien en soi, mais une réalité. Je n'encourage évidemment personne à les rechercher, je sais que perdre un emploi, une personne chère, être atteint d'une grave maladie sont source de grande souffrance. Cependant, je constate qu'ils peuvent être une opportunité pour progresser, grandir, enlever certaines œillères et voir la vie sous un autre angle. Je m'érige à ce propos contre le dolorisme chrétien qui constitue une mécompréhension profonde du message des Évangiles. Jésus n'a jamais fait l'éloge de la souffrance et il n'y a aucun masochisme dans sa démarche qui a simplement consisté à accepter de souffrir par fidélité à la vérité. Mais cette épreuve le révulsait : «Père, si tu le veux, éloigne de moi cette coupe[2]», lance-t-il à Dieu en suant des gouttes de sang tant son angoisse est forte, juste avant d'être arrêté par les soldats. La lecture doloriste de sa Passion, telle qu'elle a souvent été faite au cours de l'histoire du christianisme, a transformé une épreuve librement acceptée par fidélité à la vérité en un sacrifice nécessaire pour satisfaire le Père. Des générations ont ainsi été marquées par cette théologie sacrificielle d'où est venue l'idée qu'il fallait rechercher la souffrance pour être fidèle au Christ et plaire à Dieu. Les pratiques de mortifications ont été portées au pinacle et le sont encore par certains, persuadés qu'il faut souffrir pour aimer Dieu. C'est totalement absurde. Ce que montre le témoignage du Christ, comme celui de Socrate, c'est que toute

épreuve non désirée peut devenir révélation
d'amour ou de vérité.

1. Nietzsche, *Le Gai Savoir*, paragraphe 270.
2. Luc, 22, 42.

17

« Ici et maintenant »

Le temps nous apparaît comme une flèche lancée
par un mystérieux archer. Quoi que nous fassions,
les secondes s'écoulent, inéluctables. Nous ne pouvons ni arrêter cette flèche, ni l'accélérer, ni *a fortiori* la détourner. Nous avons souvent tendance à
fouiller notre mémoire, à nous replonger dans le
passé, mais aussi à nous projeter dans le futur, à
imaginer ce que nous allons faire ou devenir. C'est
tout à fait compréhensible. À une condition toutefois : que ces deux penchants ne prennent pas des
proportions envahissantes au détriment de la qualité d'attention et d'action dans l'instant présent. En
ce sens, un bon rapport au temps est essentiel pour
bien mener sa vie.

Toutes les sagesses du monde le rappellent : le
présent est le seul point de la flèche du temps où
l'on peut agir, il est le seul moment créatif. Quand
je parle de l'action que l'on peut et doit mener dans
le présent, je ne parle pas seulement du travail,
mais j'englobe également la contemplation, la passivité féconde de l'attention et de la méditation. Or,

beaucoup vivent mal dans le présent tant ils sont parasités par les traumatismes du passé ou au contraire paralysés par la peur de l'avenir.

Bien intégrer son passé ne signifie pas l'oublier. Un événement restera toujours dans la mémoire de l'histoire d'un individu, sauf dans des cas pathologiques comme la sénilité ou la maladie d'Alzheimer. Mais il s'agit d'apaiser, de calmer les sensations et les émotions perturbantes vécues au cours de l'événement qui, si elles sont toujours présentes aujourd'hui, vont influencer nos attitudes et nos comportements de manière négative. Et l'on sait les conséquences parfois graves du refoulement sur l'équilibre psychique et l'épanouissement d'un individu. Bien intégrer son passé signifie s'en souvenir certes, vivre avec, mais ne pas le ressasser en permanence, qu'il s'agisse d'ailleurs de bons ou de mauvais souvenirs. Nous devons, en particulier, nous efforcer d'éviter les remords, les « j'aurais dû ». Nous avons tous commis des erreurs et nous en commettrons encore. Il est légitime de le regretter. Il faut même les reconnaître pour en tirer des leçons et éviter de les répéter. Mais, dans la mesure où on ne peut plus revenir sur une erreur passée, où la loi de la vie et de l'univers interdit de rebrousser le chemin du temps pour changer de direction au croisement où l'on s'est égaré, il est inutile de se morfondre. Il ne sert à rien de penser que si, tel jour et à telle heure, nous n'avions pas pris la voiture, nous n'aurions pas eu un accident. L'accident a eu lieu, les conséquences ont peut-être été tragiques, mais elles sont là et nous n'avons plus qu'à en prendre acte. Nous avons commis une erreur ? Le remords est un poison de l'esprit qui, de surcroît, nous empêche de mobiliser, dans le présent, les forces nécessaires pour changer et pour continuer d'évoluer.

Outre le remords, nous pouvons également nous laisser prendre en otage par le ressentiment ou la haine, par le fait d'en vouloir à autrui à cause d'un événement passé. Le ressentiment nous remplit d'amertume, d'agressivité et il nous empêche, de la même façon que le remords, d'être dans une véritable construction, ou dans une reconstruction de notre vie – une vie qui se réalise toujours dans le présent. L'exemple le plus évident est celui de la construction d'un nouveau couple après une rupture : tant que nous en voulons encore à celui ou à celle qui nous a quitté ou que nous avons quitté, quel que soit le tort que cette personne nous ait causé, nous ne pourrons pas établir une relation harmonieuse et saine avec une autre personne.

Je ne sous-estime en aucun cas les traumatismes que nous avons pu subir, les blessures qui ne relèvent pas d'erreurs mais qui nous ont été infligées, les injustices criantes dont nous avons pu être victimes. Nous véhiculons tous des souffrances, et certaines sont profondes, mais avec le temps il faut apprendre à refermer les plaies et à essayer de les guérir pour tourner la page. Ce n'est pas facile et nous avons souvent besoin d'aide pour y parvenir. Il existe heureusement un large panel de techniques thérapeutiques qui ont ce même objectif : nous réconcilier avec nous-même et avec notre passé. Ce qui ne signifie en aucun cas l'oublier, mais au contraire faire ressurgir de notre inconscient les événements refoulés afin d'éviter qu'ils ne reviennent avec des conséquences encore plus graves, notamment la répétition inconsciente de l'échec ou le développement d'une maladie.

Certaines méthodes sont très anciennes. Je pense en particulier à des techniques bouddhistes ou indiennes qui apprennent, par des exercices de visualisation, à jeter de la lumière sur des événements traumatisants et à les «travailler» pour réussir à les dépasser : par exemple à mettre de l'amour, de la paix, du pardon là où il y avait de la colère, de la tristesse, du ressentiment. D'autres méthodes, comme la psychanalyse, demandent du temps et sont axés sur la prise de conscience et la libération par la parole. Mais il existe aussi des méthodes plus contemporaines ayant ce même objectif, des psychothérapies cognitives, des thérapies psycho-émotionnelles, comme la Gestalt, ou des techniques fondées sur la pensée positive, comme la sophrologie ou l'hypnose. Lorsque nous sommes immobilisés dans des phobies, des angoisses, des maladies psychosomatiques ou des scénarios d'échecs à répétition, il est indispensable d'entreprendre une thérapie, quelle que soit la méthode choisie. J'ai eu personnellement plusieurs de ces symptômes et il m'a fallu de nombreuses années de thérapies diverses pour me sentir enfin libéré du poids du passé. Quelques marques subsistent encore, mais tout cela ne paralyse pas ma vie, comme cela a été le cas dans le passé.

Un certain nombre de psychanalystes et de psychiatres, je pense notamment à l'Anglais John Bowlby et au Français Boris Cyrulnik, ont mis en avant le concept de résilience auquel j'ai déjà fait allusion. La résilience est une notion puisée de la science physique qui exprime la résistance des matériaux aux chocs. C'est un mot qui vient du latin *resilio*, signifiant littéralement « sauter en arrière » ou, autrement dit, rebondir et résister à la déformation. Cette notion a été reprise par les sciences humaines pour désigner la capacité de notre esprit à retrouver la « forme » après un traumatisme, donc à sortir de la dépression pour poursuivre un développement positif, pour « rebondir » et aller plus loin, en se servant de ce traumatisme comme d'un tremplin. En somme, la résilience est le processus qui permet, ainsi que le rappelle Boris Cyrulnik, de « métamorphoser la douleur ». C'est l'une des lois mystérieuses de la vie : une blessure, une souffrance, un échec deviennent l'occasion de chercher en soi des ressorts intérieurs plus profonds, des forces insoupçonnées, pour finalement permettre de se construire avec plus de volonté, plus de désir, plus d'ambition. La douleur donnera sens à notre présent, les échecs passés serviront de guide sur lesquels s'appuyer pour aller de l'avant, vers nos réussites futures.

Je peux en témoigner. À l'âge de trente-six ans, alors que j'étais plongé dans la succession d'échecs professionnels décrits au chapitre précédent, j'ai fait un rêve étonnant. J'étais dans la locomotive d'un train à vapeur. Mon père conduisait le train et moi je mettais le charbon dans la chaudière. J'étais sous ses ordres et il ne cessait de me crier dessus. Le train avançait péniblement et menaçait à tout moment de dérailler. J'étais très malheureux et angoissé. Et puis soudain tout s'est transformé. Mon père avait disparu. C'est moi qui étais aux commandes... d'un TGV! Je roulais à plus de 400 km/heure au milieu de champs de fleurs et de blés. J'étais radieux, dans un sentiment de force intérieure et de plénitude. Je me suis réveillé et j'ai réalisé que ce jour-là je devais me rendre à mon premier stage de Gestalt-thérapie. J'ai suivi cette thérapie pendant trois ans et elle a été décisive dans la résolution de la névrose liée à mon père. J'ai compris par la suite que cette névrose, bien que douloureuse, a été un tremplin pour aller plus loin : d'une locomotive à charbon je suis en effet passé à un TGV. Si je n'avais pas été lancé dans la vie par cette relation difficile et chaotique, peut-être n'aurais-je jamais été chercher au fond de moi les ressources pour grandir, pour me libérer d'un lien intérieur négatif : je n'aurais pas pu me développer et m'exprimer pleinement. Je n'aurais pas non plus réussi à construire la relation positive et harmonieuse que j'entretiens aujourd'hui avec mon père.

Alors, plutôt qu'avoir du remords, plutôt que ressasser, regardons notre passé, aussi pénible soit-il, de manière positive : il peut être une chance qui nous est donnée pour aller encore plus loin dans la construction de nous-mêmes et de notre vie.

Ce n'est pas uniquement le passé qui a la faculté de polluer notre vie. Le futur peut être tout aussi paralysant. Nous avons tous une propension à nous projeter dans l'avenir, et l'une de ces façons, de prime abord positive, est le rêve : nous rêvons de la maison que nous voudrions avoir, du métier que nous voudrions exercer, de la famille que nous voudrions fonder. Cela peut nous rendre heureux pendant que nous rêvons, mais certaines personnes se laissent tellement transporter par leur imaginaire qu'elles en oublient le présent. Autrement dit, elles ne mettent rien en œuvre pour que ces rêves deviennent réalité.

J'ai longtemps vécu avec ce travers. Comme je l'ai évoqué, je rêvais depuis l'enfance d'écrire des romans ou des scénarios de cinéma, et chaque fois que je lisais un bon roman ou que je voyais un bon film, je m'imaginais racontant, moi aussi, des histoires qui toucheraient les autres. Mais, hormis un petit récit écrit à l'âge de onze ans, je n'écrivais pas. Je ne passais pas à l'acte par manque de confiance en moi, aussi sans doute parce que le fait de me projeter de manière imaginaire me procurait une petite dose de plaisir et m'empêchait de passer à l'action. Je recommençais donc à rêver. Au fil des années, je me suis aperçu que rien n'avait changé dans ma vie. J'étais de plus en plus malheureux par ce décalage entre mes rêves et la réalité. Il m'a fallu un déclencheur, comme je le rapportais au chapitre précédent, pour passer à l'acte. Il faut rêver, mais il faut aussi se méfier des rêves qui constituent une sorte de substitut au réel et qui peuvent nous empêcher d'agir en nous maintenant dans notre imaginaire et en nous berçant de douces illusions.

D'autres types de projections peuvent conduire à un blocage : l'angoisse ou l'anxiété, par exemple. Il est normal de se soucier du lendemain, d'être prévoyant, d'envisager les obstacles plausibles plutôt que d'être naïf ou béatement optimiste. Ce qui est néfaste, c'est la peur du futur quand nous le voyons forcément parsemé d'échecs, voire voué à l'échec. Cette appréhension est parfois si forte qu'elle nous rend malheureux dans le présent. C'est l'étudiant qui prépare son examen en étant certain de le rater ; le candidat à une embauche qui, avant même de se rendre à son entretien, ne doute pas que sa candidature ne sera pas retenue ; l'amoureux persuadé qu'il sera éconduit par la personne qui lui plaît. Cette attitude a pour conséquence d'empêcher toute jouissance du présent, l'esprit étant entièrement absorbé par la peur du lendemain, de la même manière que pour d'autres personnes, il est pollué par les remords du passé. La pensée négative a en plus de fortes chances de créer l'événement redouté. Vous êtes certain d'échouer à votre entretien d'embauche ? À force de le croire, vous vous comporterez de telle sorte que votre candidature ne sera probablement pas retenue, tant vous vous montrerez tendu. C'est l'histoire de cet automobiliste qui, en rase campagne, s'aperçoit qu'il a un pneu crevé et qu'il n'a pas de cric. Il est à cinq kilomètres de la bourgade la plus proche, le soleil tape dur, et après avoir vainement attendu de l'aide, il décide de s'y rendre à pied. Chemin faisant, il espère trouver un garage et que le garagiste lui prêtera un cric, puis il s'angoisse à l'idée que celui-ci le lui refuse. Au fur et à mesure qu'il avance, ses pensées s'assombrissent, il arrive au bourg, trouve le garage, mais il s'est tellement persuadé que le garagiste refusera de l'aider, qu'à peine le pas de la porte franchi, il lui lance, rouge de colère : « Vous savez ce que vous pouvez en faire de votre putain de cric ? »

La manière dont on visualise un événement à venir, dont on se représente son déroulement, peut influer sur l'événement en question. Si nous nous rendons à notre entretien d'embauche après avoir imaginé le bon déroulement de celui-ci, nous serons confiants et au meilleur de notre forme pour faire en sorte que cet entretien se déroule, effectivement, dans des conditions qui nous seront favorables. Ce pouvoir de la pensée positive a été intégré, en particulier, dans le monde du sport. Ainsi la majorité des sportifs de haut niveau pratiquent des techniques de visualisation positive : ils se « voient » en train de gagner, et il est établi que cette « vision » leur offre en effet des chances supplémentaires de gagner.

Personnellement, je suis de ceux qui ont tendance à rêver plutôt qu'à s'angoisser pour l'avenir. Cependant, il m'arrive, comme tout le monde, de tomber dans les travers de la pensée négative. J'ai appris à réagir aussitôt, et j'ai effectué un travail sur moi, dans cet objectif, à travers la méditation et la sophrologie. Par exemple, j'ai toujours le trac avant d'intervenir à la télévision. Avant chaque émission, j'ai pris l'habitude de m'isoler quelques instants, et j'essaye de me visualiser détendu et serein. L'effet de cette préparation psychologique est souvent efficace. De la même manière, je n'aime pas voyager en avion, et j'évite autant que possible ce mode de transport, lui préférant le train. Or, pour de longues distances, je n'ai pas le choix : avant un voyage, donc, je me visualise arrivant à bon port, et je parviens à prendre l'avion, même si c'est toujours une épreuve.

Pour être dans la vérité et dans la joie de l'instant présent, il nous faut donc nous dépolluer l'esprit du passé et de l'avenir, de nos remords, de nos angoisses, de nos peurs et de nos rêves, c'est-à-dire appliquer la maxime de sagesse édictée au IIe siècle par Marc Aurèle, cet empereur romain pétri de philosophie stoïcienne : « Ne te laisse pas troubler par la représentation globale de toute ta vie[1]. » Les stoïciens avaient prôné comme attitude fondamentale de vie ce que l'on appelle en grec la *prosochè*, c'est-à-dire la vigilance à chaque instant de la vie, la concentration sur le moment présent délivré des attaches du passé et de l'avenir, sources de passions vaines et néfastes. Ils insistaient sur la valeur infinie de ce moment présent, « l'ici et le maintenant », le seul sur lequel on peut agir et où l'on peut agir. Au Ier siècle avant notre ère, le poète latin Horace lancera une devise restée célèbre : «*Carpe diem* », qui signifie littéralement «cueille le jour», mais que l'on traduit plus volontiers par «profite du jour présent». L'un des vers les plus connus de ses *Odes* dit : «Pendant que nous parlons, le temps jaloux a fui. Cueille l'aujourd'hui (*Carpe diem*), sans te fier à demain[2]. »

Seul l'instant présent est créateur; il n'y a que dans l'«ici et maintenant» que nous pouvons vraiment jouir de la vie, c'est-à-dire être dans la vraie joie. Celle-ci n'est pas un souvenir du passé ni un rêve d'avenir, sources sans doute de belles émotions, mais pas aussi puissantes que la joie. L'instant nous fait toucher l'éternité, c'est-à-dire l'absence de temporalité linéaire, le présent éternel. Nous pouvons ainsi arriver à comprendre, en le vivant pleinement, à quoi pourrait ressembler le bonheur perpétuel dont parlent les grandes religions, et qui consiste à être fixé dans une sérénité, une harmonie, une paix, une réconciliation avec soi-même et avec le monde. C'est ce que le maître bouddhiste Thich Nhat Hanh appelle «la plénitude de l'instant», une grâce qu'il trouve jusque dans les gestes les plus anodins, ceux que nous effectuons le plus souvent en pensant à autre chose. Ainsi, dit-il, quand vous buvez votre tasse de thé, appréciez l'instant présent, oubliez le passé et le futur, souriez à votre tasse, prenez-la en pensant simplement : «Je prends la tasse.» Parce qu'en la prenant, en mettant tout votre corps et votre esprit, «vous êtes en contact avec les merveilles de la vie[3] ».

1. Marc Aurèle, *Pensées*, VIII, 36.
2. Horace, *Odes*, à Leuconoé, I, 11, 7.
3. Thich Nhat Hanh, *La Paix en soi, la paix en marche*, Albin Michel, 2006, p. 31.

18

Apprivoiser la mort

La vraie sérénité, la paix intérieure s'acquièrent, je l'ai montré tout au long de ce livre, à la seule condition d'accepter le donné de la vie. Dire « oui » à la vie consiste à dire oui à l'inéluctable, c'est-à-dire ce sur quoi nous n'avons aucune prise. Or, le plus inéluctable, c'est la mort. Et quel que soit l'amour que nous nourrissons envers cette vie, nous savons avec certitude qu'un jour nous cesserons d'exister, au moins dans ce corps. Nous le savons intellectuellement. Mais rares sont ceux qui parviennent à intégrer réellement cette idée. Comme le dit Freud, notre mort nous est à proprement parler « impensable », et nous vivons comme si nous étions immortels.

L'angoisse de la mort a conduit les premiers humains, il y a une centaine de milliers d'années de cela, à creuser les premières sépultures puis, progressivement, à les enrichir d'outils, de dons, de parures pour accompagner le disparu dans l'autre monde. Cette pratique, en signant la conscience de la finitude et l'espoir que celle-ci n'est pas définitive, a fondamentalement distingué l'être humain des autres animaux. Dans notre culture occidentale, forgée dans le terreau judéo-chrétien, il fut un temps où nous acceptions plus facilement la mort, dans la mesure où il nous était affirmé, et nous en étions sans doute convaincus, qu'elle n'était qu'une porte vers une autre vie dans l'au-delà. Nous vivions dans l'espérance que la rupture imposée n'était que provisoire. Aujourd'hui où le scepticisme a pris le pas sur la croyance, l'angoisse de la mort a ressurgi en nous, et de manière d'autant plus redoutable que nous la percevons comme une fin totale, un anéantissement. Pour nous en prémunir, nous avons occulté la mort, la nôtre et celle des autres : elle est devenue l'un de nos ultimes tabous.

La croyance en l'au-delà persiste fortement dans d'autres aires, je pense en particulier aux cultures orientales où la transmigration des âmes, la réincarnation, est donnée comme un fait objectif, et où elle est largement reconnue comme telle. Pour les croyants, c'est-à-dire l'écrasante majorité de ces populations, la mort n'est pas une fin, mais elle est englobée dans la vie ; elle est un passage qui s'inscrit dans un temps cyclique. Arnaud Desjardins me faisait très justement remarquer à ce propos la différence fondamentale entre l'Occident et l'Orient. L'Occidental, me dit-il, oppose spontanément au mot « mort » le mot « vie ». L'Oriental lui oppose le mot « naissance » : pour lui, naissance et mort sont deux moments de la vie de l'esprit, laquelle commence avant la naissance et continue après la mort. Seul le corps disparaît. Croyance ô combien rassurante, même si ces deux passages ne sont pas faciles à négocier et nécessitent un apprentissage dont les voies spirituelles asiatiques ont été conçues pour en livrer les clés.

Les monothéismes apportent certes la promesse que la mort n'est pas une fin définitive, mais ils se situent dans une vision linéaire et non cyclique du temps, qui implique les notions métaphysiques plus angoissantes de commencement et de terme. Par ailleurs, ils ne disent que peu de choses de la vie future dont ils affirment l'existence. Je connais des croyants qui ont très peur de la mort, même si leur foi est profonde. Ils ont peur de l'inconnu, et cela est tout à fait compréhensible. J'en connais d'autres, beaucoup plus rares, qui vivent, eux, non pas dans l'angoisse, mais dans l'attente de la mort. C'était le cas de l'abbé Pierre qui a commencé à la souhaiter et à l'attendre dès l'âge de dix-sept ans. Cet homme n'aspirait qu'à la plénitude de la vie éternelle, qu'à la rencontre aimante avec Dieu, même s'il n'en avait aucune représentation précise. Il était convaincu qu'après sa mort il ne serait plus entravé par les failles psychiques et physiques qui nous encombrent ici-bas, qu'il pourrait enfin s'épanouir dans son inté-riorité, qu'il pourrait enfin vivre l'amour dans sa plénitude. L'abbé Pierre est mort sereinement, comme la plupart des saints. Dans le *Phédon*, l'un de ses dialogues socratiques les moins connus, Platon nous dit que cette joie n'est offerte qu'au «vrai phi-losophe» dont l'âme est «sortie du corps avec toute sa pureté» (82c). Parce que, de son vivant, il est «libre et affranchi de la folie du corps» (67a), son

âme est capable de « voir ce qui est invisible et intelligible » (64e), de connaître « l'essence pure des
choses » (67b). Ce sage-là, ajoute-t-il, a travaillé
toute sa vie, « plus que les autres hommes, à déta-
cher son âme du commerce du corps » (65a).

Cela est loin d'être le cas pour l'écrasante majorité d'entre nous. Ainsi, je suis moi-même croyant ;
j'entretiens, je l'ai déjà dit, une relation de cœur
avec le Christ ; j'ai foi en l'existence d'une vie après
la mort ; mais ma foi n'est pas une certitude sensible
ou rationnelle. J'admets, avec mon intelligence critique, n'avoir aucune certitude à cet égard. Ma raison me dit que je suis peut-être dans l'illusion, et
qu'il n'y aura peut-être rien après la mort, après ma
mort. Ce doute est toujours là. Je ne sais donc ce
qui en moi, de la foi ou du doute, l'emportera à l'ultime instant.

Outre les voies spirituelles, toute une tradition
philosophique nous apprend à affronter cette
angoisse universelle, à ne pas avoir peur de la mort,
à accepter le fait qu'elle est partie intégrante de la
vie. En somme, à essayer de vivre lucidement avec
l'idée que nous allons mourir, plutôt que de refouler
cette idée. Mais peut-être est-ce là l'un des principaux objectifs de la philosophie ? Montaigne en était
en tout cas convaincu quand il affirmait que « philo-
sopher, c'est apprendre à mourir[1] ».

L'un des premiers philosophes à s'être explicitement déclaré athée était le Grec Épicure. Pour lui, il
ne faisait pas de doute que la mort signe la dispari-
tion totale, corps et âme, de l'individu. Pour autant,

il enjoignait ses disciples à ne pas la craindre, crainte qu'il disait totalement inutile, d'une part parce qu'elle n'empêche pas la mort, d'autre part, parce qu'elle empêche la pleine jouissance du plaisir de vivre. Dans sa *Lettre à Ménécée*, il résume ainsi ce qu'il n'aura de cesse d'affirmer par ailleurs : «Habitue-toi à penser que la mort n'est rien pour nous. En effet, il n'y a de bien et de mal que dans la sensation; or, la mort est absence de sensations. Par conséquent, savoir que la mort n'est rien pour nous rend cette vie mortelle heureuse [...]. Il n'y a plus rien à redouter de la vie quand on sait qu'il n'y a rien à redouter après la vie [...]. Car il est vain de souffrir par avance de ce qui ne cause aucune douleur quand il est là. Le plus terrifiant des maux, la mort, n'est rien par rapport à nous puisque, tant que nous sommes, elle n'est pas, et quand elle est, nous ne sommes plus. Donc la mort n'existe ni pour les vivants, ni pour les morts [...]. Le sage ne craint pas la vie, il ne craint pas non plus de ne pas vivre.»

Le sage est celui qui s'est préparé à la mort. J'entends par «préparation» le fait d'agir tout au long de sa vie de telle sorte que lorsqu'advient le moment de notre mort, nous pouvons nous en aller sans regrets, avec le sentiment d'avoir accompli cette vie le mieux possible, d'avoir «bien vécu», c'est-à-dire d'avoir mené une existence juste, droite, bonne; d'avoir été, autant que possible, dans le vrai. Car il est terrible de mourir avec le regret d'avoir gâché sa vie. Chaque matin, je me prépare à ma mort, mais à la manière de Spinoza, pour qui «l'homme libre ne pense à rien moins qu'à la mort, et sa sagesse est une méditation, non de la mort, mais de la vie[2] ». Je me réveille en me disant que ceci est peut-être ma dernière journée. Et que je dois donc la vivre en pleine conscience, sans jamais abdiquer mes valeurs, c'est-à-dire la vivre de la meilleure manière possible, sans me laisser envahir par des émotions perturbatrices, pour moi ou pour les autres, sans accomplir un acte que je regretterai. Je dois, pour reprendre Marc Aurèle, « agir, parler, penser toujours, comme quelqu'un qui peut sur l'heure sortir de la vie[3] ». En somme, la vivre de telle sorte que je puisse, le soir venu, m'endormir avec une conscience apaisée. Peut-être que je ne me réveillerai pas. Telle est la manière dont j'intègre, au jour le jour, dans ma vie, la dimension de notre finitude. Et ce n'est pas, au fond, à la mort, mais à la vie que je me prépare ainsi chaque jour.

1. Montaigne, *Essais*.
2. Spinoza, *L'Éthique*, IV, Proposition 50.
3. Marc Aurèle, *Pensées*.

19

L'humour

L'humour est une des qualités les plus précieuses de l'esprit humain. L'homme sait rire dès sa naissance, avant même d'apprendre à parler. Son premier rire exprime le contentement mais, très vite, avant même de savoir baragouiner les premiers mots, le tout jeune enfant rit de situations qui lui semblent cocasses. Il perçoit le caractère comique, absurde ou décalé d'une situation, ce qui implique du recul par rapport à cette situation.

Le rire étant éminemment spirituel, les philosophes lui ont consacré de nombreuses pages. Mais comme la plupart des philosophes ne sont pas drôles, ces pages sont souvent très austères et presque risibles ! Descartes en fait le sujet central de trois chapitres, assez féroces, des *Passions de l'âme* (qui fut son dernier ouvrage). Spinoza vante les mérites du rire dans le quatrième livre de *L'Éthique*, où il le qualifie de « pure joie », et le présente comme une arme fondamentale de la liberté en ce qu'il nous libère de la peur, source de toutes les superstitions qu'il n'aura de cesse de combattre. Et de décrire ainsi l'homme de bien : « Autant que le permet l'humaine vertu, il s'efforcera de bien faire, comme on dit, et de se tenir en joie[1]. » Bergson le dissèque dans un traité en demi-teinte, *Le Rire*, qui concerne essentiellement le rire comique et celui de la moquerie. Et on a même vu des médecins s'y intéresser, depuis la parution du premier *Traité du ris* de Laurent Joubert, publié à Paris en 1579, vantant les vertus de la bonne humeur sur la santé! Hormis les quelques lignes de Spinoza, je dois toutefois admettre que ces théories ne me satisfont pas pleinement, car elles sont parcellaires et surtout omettent ce qui me paraît être la vertu principale de l'humour : ses effets très bénéfiques sur la vie intérieure par une prise de distance lucide avec le réel.

Pour ma part, je ne distinguerai pas ici le comique proprement dit, le burlesque, du trait d'esprit raffiné ou de l'ironie acide. Bien que fort différents les uns des autres, ils expriment tous, à des degrés de profondeur divers, une forme particulière de l'intelligence et remplissent des fonctions similaires qui sont essentielles à l'équilibre de tout individu. On voit bien le trouble que peuvent susciter en nous des personnes dénuées de tout sens de l'humour, chez lesquelles nous percevons instinctivement un défaut d'humanité qui nous glace!

L'une des premières fonctions de l'humour est, à mon avis, de créer un lien d'humanité entre des individus qui, parfois, ne se connaissent même pas. Je me souviens ainsi m'être perdu, au cours d'un voyage, dans un pays où je me rendais pour la première fois et dont je ne parlais pas la langue. Je cherchais vainement ma route sous une pluie battante avec un sac à dos trempé et la nuit tombait. Je n'avais vraiment pas le cœur à rire, mais il a suffi qu'un individu, dans un café où j'étais entré me renseigner, lance une plaisanterie tournant ma situation en dérision, pour que nous partions tous, à commencer par moi-même, d'un grand éclat de rire. Celui-ci a suffi pour que chacun se sente personnellement concerné par mon histoire et cherche les moyens de me venir en aide. L'humour rassemble, crée immédiatement une communion, fait tomber toutes les barrières sociales et culturelles. Il est une vertu d'humanité, comme la connaissance ou la compassion. J'ai eu l'occasion d'assister à plusieurs rencontres entre le dalaï-lama et des intellectuels ou des journalistes occidentaux. Le personnage impressionne et, malgré sa grande simplicité, ou peut-être à cause d'elle, il intimide ses auditoires. C'est toujours un silence un peu solennel qui prélude à ces rencontres. Chaque fois, j'ai vu le dalaï-lama lancer une boutade et partir d'un grand éclat de rire dont l'effet a toujours été instantané : les personnes présentes éclataient de rire à leur tour. En un instant le froid était brisé, une communion était créée.

La deuxième vertu de l'humour, que l'on voit à l'œuvre dans l'anecdote personnelle que j'ai rapportée plus haut, est sa capacité à dédramatiser une situation en créant une distance ô combien nécessaire. Brusquement, dans ce pays dont j'ignorais tout, avec ces personnes que je ne connaissais pas, je me suis retrouvé spectateur de mes propres déboires, ce qui m'a permis d'en rire. Et le rire a fait fondre en quelques secondes mon énervement. L'humour a cette vertu extraordinaire de déjouer le tragique. La vie est tragique, avec son lot de maladies, d'échecs, de déconvenues, de désillusions, et elle culmine par cette tragédie ultime qui est la mort. Comme le dit Woody Allen : « La vie est insupportable, mais le pire c'est qu'elle s'arrête ! » Par une pirouette de l'esprit, nous pouvons tout d'un coup souligner le caractère absurde ou dramatique d'une situation et la retourner. Et, par là même, ce qui nous oppressait va nous faire rire. Parfois jusqu'aux larmes. En riant d'une réalité tragique, nous ne modifions certes pas la réalité, mais nous transformons la perception que nous en avons. Par ce regard décalé, nous nous libérons du caractère insupportable de cette situation.

Un certain nombre de traditions spirituelles ont intégré cette dimension dans leurs enseignements, puisant dans l'humour des réponses aux défis de l'existence. Ainsi, Nasr Eddin Hodja, ce personnage célèbre dans le monde musulman – où il est également appelé Geha ou Goha –, est un faux naïf sujet de blagues bouffonnes que l'on raconte aux enfants ou que l'on se raconte entre amis. Les anecdotes dont ce personnage est le héros sont souvent issues des milieux soufis et font partie de l'héritage et de l'enseignement de grands maîtres spirituels. Les soufis ont d'ailleurs inventé de nombreux contes qui, à travers l'humour, transmettent un message spirituel d'une grande profondeur. J'aime particulièrement celui-ci :

Le calife vient de mourir. Alors que le trône est vide, un misérable mendiant vient s'asseoir dessus. Le grand vizir demande aux gardes de se saisir de ce loqueteux qui vient de commettre un tel sacrilège, mais ce dernier répond :

— Je suis au-dessus du calife.

— Comment peux-tu dire une chose pareille ! s'exclame le grand vizir, stupéfait. Au-dessus du calife il n'y a que le Prophète.

— Je suis au-dessus du Prophète, poursuit le mendiant sans se départir de son flegme.

— Quoi ! Qu'oses-tu dire, misérable ! Au-dessus du Prophète, il n'y a que Dieu !

— Je suis au-dessus de Dieu.

— Blasphème ! hurle le grand vizir au bord de la crise d'apoplexie. Gardes ! Étripez ce fou sur-le-champ. Au-dessus de Dieu, il n'y a rien !

— Justement, je ne suis rien.

Dans les traditions asiatiques, les célèbres koan du bouddhisme zen sont aussi destinées à transmettre un enseignement d'une grande profondeur derrière le caractère absurde et souvent humoristique de brèves sentences, ou questions, que le maître lance à ses disciples. Leur objectif est de bouleverser la perception que l'on a du réel, de déstabiliser le moi du disciple et l'amener ainsi vers l'Éveil. Voici quelques exemples de koans célèbres :

— Lorsqu'il n'y a plus rien à faire, que faites-vous ?

— Quel est le bruit d'une seule main qui applaudit?

— Une illusion peut-elle exister?

— Ce qui te manque, cherche-le dans ce que tu as.

Au-delà du caractère abrupt des koans, il existe aussi dans la tradition bouddhiste de nombreuses petites histoires drôles que les moines se racontent dans les monastères. L'une d'elles m'a été rapportée par un moine tibétain au Sikkim :

Deux moines, un jeune et un vieux, cheminent ensemble. Soudain ils arrivent devant une rivière. Ils voient une ravissante jeune femme qui leur demande de l'aide pour traverser le gué. À la stupéfaction du jeune, le vieux moine propose à la femme de monter sur son dos. Une fois la rivière traversée, les deux moines poursuivent en silence leur marche. À la fin de la journée, le jeune moine dit à l'Ancien : « Comment as-tu pu prendre sur ton dos cette femme alors que tu as fait vœu de chasteté? » Et l'Ancien de lui répondre : « Cette femme, je l'ai portée deux minutes et après je l'ai complètement oubliée. Et toi, après une journée de marche, tu la portes encore. »

Néanmoins, pour moi, le sommet de l'humour se manifeste dans les blagues juives, qu'elles soient religieuses ou profanes. Je me suis demandé d'où venait ce sens aigu de l'humour, particulièrement tourné vers l'autodérision, et ce foisonnement incroyable d'histoires, d'une drôlerie qui, loin du comique troupier, a presque toujours un caractère éminemment spirituel et existentiel. Les juifs se moquent d'eux-mêmes, de Dieu et de la vie – c'est-à-dire de tout ce qui leur est le plus précieux – comme personne. Je crois que cela tient à deux facteurs. Le premier est d'ordre historique. Parce qu'ils ont été persécutés pendant tant de siècles, les juifs ont développé une forme d'ironie très particulière : rire de soi, du regard méprisant que les autres portent sur nous, de ses malheurs, permet de les relativiser.

Le second est d'origine religieuse : c'est le poids écrasant de la mission divine dont ils affirment être dépositaires. La Bible dit que Dieu, le Tout-Puissant, le Créateur de l'univers, a fait une alliance unique avec ce petit peuple. C'est tellement énorme... que mieux vaut en rire ! Et c'est tellement écrasant aussi d'avoir à témoigner devant l'humanité entière de cette élection que l'humour permet de supporter le décalage entre la parole et les actes, entre l'appel à la sainteté et le comportement de chaque croyant, qui en est le plus souvent fort éloigné.

C'est ce qu'exprime bien cette histoire du rabbin qui, au sortir de la synagogue, rend grâce à Dieu. Il le remercie de l'avoir fait naître au sein du Peuple élu ; de l'avoir choisi pour accomplir les rituels ; de lui avoir donné la foi ; il lui redit toute son adoration et toute la confiance qu'il place en Lui et en Lui seul. Or voilà que, plongé dans ses pensées, le rabbin tombe dans un ravin. Dans sa chute, il parvient quand même à s'agripper à une petite branche, mais celle-ci n'est pas très solide. Effrayé par le vide, il appelle à l'aide :

— Y a quelqu'un ? Y a quelqu'un ?

Seul le silence lui répond. Il crie encore quand

une voix le fait taire. Une voix profonde, venue d'en haut. De très haut :

— Mon fils, j'ai entendu ton appel. N'aie aucune crainte et lâche cette branche. Mes anges vont te porter et te déposer doucement au bas de ce précipice.

Et le rabbin regardant à nouveau le vide sous ses pieds :

— Y a-t-il quelqu'un d'autre ?

L'ironie est l'une des armes de la philosophie grecque. Les célèbres Cyniques en faisaient bon usage pour transmettre leur vision subversive des valeurs. Afin de se moquer des philosophes qui prêchaient la vertu en vivant dans des palais, ils avaient choisi un mode de vie radicalement pauvre et enseignaient par l'exemple et par des brèves sentences sibyllines ou ironiques plutôt que par des longs discours. Le plus célèbre d'entre eux, Diogène de Sinope, a vécu au IVᵉ siècle à Athènes... dans son fameux tonneau. Il parcourait la ville en plein jour avec une lanterne et quand on lui en demandait la raison, il répondait ironiquement : « Je cherche un homme. » Il n'hésitait pas à mendier auprès des statues « pour s'habituer au refus ». Fait prisonnier par des pirates alors qu'il se dirigeait vers Égine, il a répondu au marchand d'esclaves qui lui demandait ce qu'il savait faire : « Je sais gouverner les hommes. Vends-moi à quelqu'un qui cherche un maître ! » De fait, il sera bien vite libéré par son acheteur qui le portait en grande estime. C'est alors qu'aurait eu lieu la fameuse entrevue avec Alexandre le Grand, désireux de rencontrer ce célèbre philosophe clochard.

— Demande-moi ce que tu veux, je te le donnerai, lui dit le monarque.

— Ôte-toi de mon soleil, répond Diogène.

— N'as-tu pas peur de moi?

— Qu'es-tu donc? Un bien ou un mal?

— Un bien.

— Qui donc pourrait craindre le bien?

Alexandre confiera plus tard : « Si je n'étais Alexandre, je voudrais être Diogène ! »

Nous ne sommes pas si loin de l'ironie d'un Socrate qui, peu de temps auparavant, avait usé de la même arme pour déstabiliser ses interlocuteurs. L'humour, la moquerie lui semblaient en effet les seuls moyens réellement efficaces de les amener à une vraie prise de conscience. « Le dieu, disait-il ainsi, semble m'avoir choisi pour vous exciter et vous aiguillonner, chacun de vous, partout et toujours sans vous laisser aucun relâche [...] comme un taon stimulerait un cheval[2]. »

On peut regretter que l'humour n'ait pas été le fort des philosophes dans la longue tradition occidentale. Hormis quelques mots d'esprit ici ou là, l'humour n'est plus guère utilisé comme moyen d'enseigner. Montaigne, Spinoza et surtout Nietzsche ont su manier l'ironie, mais ils demeurent des exceptions. Cela n'est peut-être pas sans rapport avec la longue influence de la pensée chrétienne sur les esprits occidentaux, qui, à l'inverse des courants juifs, bouddhistes ou musulmans, en est singulièrement dépourvue. Il est vrai que l'humour est totalement absent des Évangiles et la question qu'Umberto Eco fait poser par l'un de ses moines

175

dans son livre *Le Nom de la rose* n'est pas dépourvue de sens : «Le Christ a-t-il ri?» Il nous est dit qu'il a pleuré, qu'il a bu, qu'il s'est mis en colère, qu'il a exulté de joie... mais a-t-il ri? À titre personnel, je ne peux imaginer qu'en bon rabbi juif qu'il était il ait pu être aussi sérieux qu'un pape prêchant en chaire! Et je tente de me rassurer en pensant que si ses disciples n'ont rien retenu de son humour, c'est parce qu'ils ne l'ont pas compris ou qu'il s'exprimait à leurs dépens, ou bien encore qu'ils ont pensé que ça ne ferait pas sérieux de présenter le Fils de Dieu en train de rire.

Si la tradition théologique chrétienne est donc fort peu drôle, la sagesse populaire (et certains prêtres non dépourvus d'humour) a heureusement développé une foule de plaisanteries mettant en scène le pape, les cardinaux, les curés, les moines et autres religieuses. Je ne saurais donc résister au plaisir de terminer ce chapitre par cette petite blague catholique :

Un missionnaire marche dans la savane et se trouve soudain face à un lion rugissant. Le prêtre supplie Dieu de lui venir en aide : «Seigneur inspirez des sentiments chrétiens à ce fauve!» Aussitôt un miracle se produit. Le Lion arrête sa course, se met à genoux et prie : «Mon Dieu bénissez ce repas. Amen.»

1. Spinoza, *L'Éthique*, IV, Proposition 50.
2. Platon, *Apologie de Socrate*, 30d et 31a.

20

La beauté

J'ai insisté, tout au long des pages qui précèdent, sur l'importance que j'attache pour la réalisation de notre pleine humanité à la recherche de la connaissance, mais aussi du bien; de la vérité, mais aussi de l'amour; de l'intelligence, mais aussi du partage. Ai-je suffisamment insisté sur une autre expérience essentielle, l'expérience qui est, je crois, l'une des plus universelles et profondes pour chacun d'entre nous : celle du beau? Depuis que la philosophie existe, les penseurs et les sages sont fascinés par l'effet que procure le beau en nous. J'ai souvent cité Platon pour qui l'Absolu indéfinissable repose sur un triptyque du Vrai suprême, du Bien suprême, du Beau suprême. Chacun, dit-il, en élevant son âme vers le Monde des Idées, aspire à contempler ces trois valeurs qui sont, en quelque sorte, des archétypes vers lesquels nous tendons et que nous essayons de rejoindre pour nous unir à eux. J'ai cité l'exemple qu'il en donne dans *Le Banquet*, où l'on voit Socrate expliquer comment l'on peut passer de la contemplation de la beauté des corps à celle de la beauté des âmes qui, à son tour, nous conduit à la contemplation de la Beauté en soi.

Au 1er siècle de notre ère, le Grec Plutarque, que l'on connaît comme philosophe et moraliste mais qui fut également prêtre d'Apollon au temple de Delphes, explicitait ainsi cette donnée fondamentale de la pensée platonicienne : «Ce monde est le temple le plus saint et le plus digne de la majesté divine. L'homme y est introduit à sa naissance pour y contempler, non pas les statues immobiles faites par les hommes, mais celles que l'intelligence divine a créées, et qui, selon la pensée de Platon, sont les images sensibles. Ces substances invisibles ont en elles-mêmes le principe de leur mouvement et de leur vie : je veux signifier le soleil, la lune, les étoiles, les rivières, dont les eaux se renouvellent sans cesse, et la terre, qui fournit aux animaux et aux plantes une abondante nourriture. La contemplation de ces grands objets est pour nous l'initiation la plus parfaite, et elle doit répandre sur notre vie un calme et une joie inaltérables[1]. »

Contempler la nature et se laisser envahir par le sentiment d'émerveillement que la beauté fait naître en nous est une expérience qui nous transporte parfois littéralement hors de nous. Avons-nous seulement conscience que cette beauté est partout ? Rien n'est laid dans la nature. La laideur appartient au seul monde humain. Cette beauté nous est offerte gratuitement, alors que certains payent des fortunes pour acquérir des œuvres d'art qui sont parfois d'une laideur sidérante. Savons-nous ouvrir nos yeux, ouvrir notre cœur, pour déceler la beauté autour de nous, devant un simple coucher de soleil ou un rayon de lumière qui traverse les feuilles d'un arbre? Mais aussi dans le sourire d'un enfant ou le visage d'un vieillard? En marchant dans la ville, au détour d'une rue, devant une belle porte? Savons-nous nous laisser émouvoir par un regard, par une harmonie musicale qui peut bouleverser notre vie intérieure?

Les traditions religieuses ont utilisé le Beau comme voie d'accès au sacré. Dans un précédent ouvrage au cours duquel j'ai exploré la naissance du sentiment religieux[2], j'ai montré de quelle manière l'éclosion de celui-ci, au Paléolithique moyen, c'est-à-dire il y a environ 45 000 ans, s'est manifesté à travers la beauté dans les magnifiques fresques dessinées sur les murs des grottes africaines, australiennes, puis européennes, que le paléontologue Emmanuel Anati qualifie de véritables «cathédrales[3]». Par la suite, les religions se sont élaborées et leurs temples, construits dans la recherche des harmonies parfaites, se sont embellis, s'ornant des plus belles fleurs, des plus belles statues, des plus beaux tableaux. Le développement de l'art en Occident ne se serait produit avec une telle magnificence sans l'intervention et les commandes des Églises aux artistes – peintres, sculpteurs, musiciens, bâtisseurs, etc. Il en est de même dans les autres aires géographiques et culturelles, qu'elles soient bouddhistes, hindoues, juives ou musulmanes. On comprend, en visitant certains lieux sacrés – la petite église romane de Germigny-des-

Prés, la grande mosquée de Cordoue, les temples bouddhistes d'Angkor –, comment la beauté « ouvre » littéralement l'âme du croyant, et la rend réceptive à l'invisible. L'artiste, disait Bergson, est « un homme qui voit mieux que les autres, car il regarde la réalité nue et sans voiles. Voir avec des yeux de peintre, c'est voir mieux que le commun des mortels [...]. Celui qui mettra le feu à toutes [les] conventions, celui qui méprisera l'usage pratique et les commodités de la vie et s'efforcera de voir directement la réalité même, sans rien interposer entre elle et lui, celui-là sera un artiste[4] ».

Arthur Schopenhauer s'est particulièrement intéressé à cette faculté que possède l'art de nous faire sortir de nos malheurs, de nos misères, de nos petitesses, pour nous faire accéder à une autre dimension. L'art, dit-il en substance, tient cette faculté du fait qu'il rompt le lien d'utilité qui attache l'individu au monde. Et de décliner ainsi sa pensée : « Y a-t-il une connaissance spéciale qui s'applique à ce qui dans le monde subsiste en dehors et indépendamment de toute relation, à ce qui fait à proprement parler l'essence du monde et le substratum véritable des phénomènes, à ce qui est affranchi de tout changement et par suite connu avec une égale vérité pour tous les temps, en un mot aux Idées, lesquelles constituent l'objectivité immédiate et adéquate de la chose en soi, de la volonté ? Ce mode de connaissance, c'est l'art, c'est l'œuvre du génie. L'art reproduit les idées éternelles qu'il a conçues par le moyen de la contemplation pure, c'est-à-dire l'essentiel et le permanent de tous les phénomènes du monde[5]. »

Car le beau, et c'est heureux, n'est pas seulement affaire de religions. Baudelaire, le poète maudit, criait son horreur des religions, mais louait la nature qu'il comparait à « un temple où de vivants piliers laissent parfois sortir de confuses paroles », un temple où, disait-il, « des choses infinies » « chantent les transports de l'esprit et des sens[6] ». Rimbaud avait nommé Baudelaire « le premier voyant » parmi tous ceux qui, par le truchement de l'art, nous aident à « inspecter l'invisible et entendre l'inouï[7] ».

La beauté est toujours pour moi source de bonheur. Une source ô combien accessible, puisqu'il me suffit d'ouvrir les yeux pour regarder autour de moi, d'écouter une musique qui m'enchante, de me laisser pénétrer par ce sentiment qui surgit alors en bouffées et que décrivent si bien les poètes, une sorte d'union avec le monde. La poésie et la musique, probablement plus que tout autres arts, nous révèlent avec les mots du cœur et l'harmonie des sons la beauté cachée du monde. Je ne peux commencer ma journée de travail sans écouter les *Variations Goldberg* de Bach, le *Köln Concert* de Keith Jarrett ou une sarabande de Haendel. Et le soir, avant de m'endormir, j'aime lire des poèmes : Baudelaire et Hugo, notamment. Christian Bobin, le poète vivant qui me touche le plus, sait dire de manière admirable la grâce des petites choses du quotidien. Il révèle la beauté, et même la bonté du réel, non pas dans d'impressionnants paysages, mais dans un simple pissenlit, dans la courbure du dos ou le visage ridé d'une vieille femme qu'il croise en entrant dans la boulangerie de son village. Il sait dire à merveille la beauté présente partout autour de nous, nous qui marchons le plus souvent pris dans nos pensées ou, pire encore, le nez collé à notre téléphone portable pour répondre à nos mails.

Un tableau, une photo, une image, un mot, un corps, un visage, une note de musique suffisent à mettre de la joie dans le quotidien, à vivre ce transport de l'âme qu'au Ier siècle de notre ère le poète Lucrèce qualifiait de « plaisir divin[8] ». Et ce plaisir, pour qui sait le prendre, est totalement gratuit.

« La beauté sauvera le monde », prophétisait Dostoïevski. C'est sans doute exagéré, mais elle le rend assurément plus supportable et en révèle parfois la vérité et la bonté cachées.

1. Plutarque, *De la tranquillité de l'âme*, 477c-d.

2. Frédéric Lenoir, *Petit traité d'histoire des religions*, Plon, 2008.

3. Emmanuel Anati, *Aux origines de l'art*, Fayard, 2003, p. 10.

4. Bergson, *Conférence de Madrid sur l'âme humaine*, 2 mai 1916.

5. Schopenhauer, *Le Monde comme volonté et comme représentation*, III, 36.

6. Charles Baudelaire, *Les Fleurs du mal*, IV.

7. Lettre de Rimbaud à Paul Demeny, 15 mai 1871.

8. Lucrèce, *De natura rerum*, I, 28.

Épilogue

Au terme de ce parcours philosophique et spirituel, loin de conclure, je voudrais apporter quelques précisions qui me semblent essentielles quant au bonheur. En voulant montrer que le bonheur relève de la vie intérieure et du travail sur soi bien plus que des biens extérieurs, on pourrait penser que je soutiens qu'être heureux est le fruit d'un long effort de connaissance de soi, de purification des passions et d'acquisition des vertus. Cela est à la fois vrai et faux.

Faux, parce que le bonheur relève d'abord et avant tout des dispositions naturelles de chacun. Un dérèglement hormonal peut rendre le bonheur presque inaccessible et un tempérament optimiste et enjoué dispose à être heureux bien mieux que toute quête de sagesse. C'est ce qu'exprime fort bien Arthur Schopenhauer dans ses *Aphorismes sur la sagesse dans la vie* : « Notre bonheur dépend de ce que nous sommes, de notre individualité, alors qu'en général on ne tient compte que de ce que nous avons ou de ce que nous représentons. Mais le sort peut s'améliorer, et celui qui possède la richesse intérieure ne lui réclamera pas grand-chose; mais un benêt reste un benêt et un lourdaud reste un lourdaud pour l'éternité, fussent-ils entourés de houris au paradis. C'est pourquoi "le bonheur suprême est la personnalité" dit Goethe [...] Car la chose essentielle pour le bien-être de l'individu est manifestement ce qui se passe à l'intérieur de lui-même. C'est là, en effet, que réside son bien-être ou son malaise qui est le résultat de ce qu'il ressent, veut, pense. Avec le même environnement, chacun vit dans un autre monde ; les mêmes événements du dehors affectent chacun fort différemment. »

Certains individus ont la chance de naître avec des dispositions qui les rendront beaucoup plus aptes au bonheur que d'autres. C'est d'ailleurs ce que dit explicitement l'étymologie grecque du mot bonheur (*eudaimonia*) : « avoir un bon *daîmon* », ce qu'on traduirait en termes contemporains par « avoir une bonne étoile ».

Vrai, cependant, parce que pour ceux qui ont un tempérament moins disposé au bonheur ou qui ont eu un vécu douloureux dans l'enfance, le travail sur soi permet de guérir des blessures et de comprendre certaines clés de sagesse qui aident à vivre. C'est ce que j'ai expliqué par rapport à mon propre parcours : j'ai un tempérament plutôt heureux, mais le bonheur m'a été longtemps difficilement accessible du fait de certaines blessures douloureuses. Un travail philosophique, psychologique et spirituel m'a aidé à me connaître, à comprendre mes difficultés et à les résoudre en grande partie. Comme je le disais dans le prologue de ce livre, ma vie est aujourd'hui plus harmonieuse que dans le passé grâce à cette quête de sagesse. Mais cette quête me paraît aussi utile à tous, quelle que soit notre sensibilité, parce que la connaissance et la maîtrise de soi, la relation juste et aimante aux autres, permettent d'accéder à une sérénité plus stable et plus durable que la simple émotion passagère. Le bonheur, en effet, est une chose fragile, jamais définitivement acquise, qu'un rien peut troubler alors même qu'on se pense parfaitement heureux. La sagesse permet de mieux résister aux aléas de la vie. Elle nous aide à savourer pleinement les moments heureux et à ne jamais désespérer dans les moments douloureux. Elle nous apprend à accepter la vie comme elle se présente, avec son lot de joie et de tristesse, en essayant de faire reculer le malheur autant que faire se peut. Elle nous permet d'accompagner le mouvement permanent de l'existence avec souplesse et attention. Elle nous fait comprendre que nous ne pouvons être en paix sans les autres, sans vouloir aussi le bonheur des autres. En cela, elle nous aidera toujours à vivre mieux, que l'on soit par nature peu ou bien disposé au bonheur.

J'ajouterai pour finir une chose importante, une chose que je n'ai peut-être pas assez soulignée dans ce petit traité. Comme le dit Spinoza dans son *Éthique*, il y a dans l'essence même de la vie et de l'être une joie profonde. La joie est là et il nous faut apprendre à la voir, à l'accueillir, à la laisser émerger. Le travail psychologique ou philosophique permet d'éliminer les obstacles qui l'empêchent bien souvent de jaillir. C'est parce qu'on aura goûté à cette joie, ne serait-ce que de manière fugace, que l'on s'engagera véritablement dans la quête du vrai, du bien, du beau. Et c'est parce qu'on y goûtera de plus en plus, que cette quête de sagesse ne cessera de grandir. De la même manière que c'est parce qu'on a goûté à l'amour que l'on apprendra à aimer, c'est parce qu'on a goûté à la béatitude que l'on souhaitera progresser dans la vertu. C'est la joie qui mène au renoncement et non l'inverse.

Addendum

Qu'est-ce qu'une vie réussie ?

*Un dialogue inédit entre Socrate
et Jacques Séguéla*

Le 13 février 2009, sur le plateau de l'émission Télématin (France 2), le publicitaire français Jacques Séguéla a tenu ces propos : «Comment peut-on reprocher à un président de la République d'avoir une Rolex ? Tout le monde a une Rolex. Si à cinquante ans on n'a pas une Rolex, on a quand même raté sa vie !»

Lecteur assidu de Platon, je me suis demandé ce que Socrate aurait pensé d'une telle parole. Le problème, c'est que les montres Rolex n'existaient pas encore à son époque – ce qui révèle de manière incidente combien les hommes du passé ont dû être malheureux. Mais peu importe, il devait bien exister dans l'Antiquité un symbole équivalent. J'ai eu beau chercher, je n'ai pas trouvé chez les historiens de l'Antiquité ce que pouvait être la Rolex du monde gréco-romain, cet objet à la fois non indispensable et prestigieux qu'il importe de posséder comme gage d'une vie réussie. Certes, les signes de richesse et de puissance étaient légion : de la taille de la maison au nombre d'esclaves, en passant par les incontournables bijoux. Mais point de trace de quelque chose d'aussi ridicule qu'une montre, qu'on aurait pu considérer comme le signe d'une existence admirable. Je me suis

187

alors tourné vers l'un des meilleurs historiens modernes du monde antique : René Goscinny. Le père d'Astérix m'a donné la clé. Dans *Le Domaine des dieux*, il montre que le comble du chic c'est d'avoir un menhir dans son *atrium* (sorte de jardin intérieur).

Alors, avec un petit anachronisme de quelques siècles, j'imagine bien Socrate assistant aux jeux du cirque à Rome. Pendant l'entracte, tandis qu'on évacue les dépouilles ensanglantées des gladiateurs avant de donner quelques chrétiens en pâture aux lions, le speaker du cirque Maximus interroge le grand publicitaire de l'époque, Jacobus Seguelus Bonimentus, sur le côté bling bling du nouvel empereur. Et Seguelus de répondre : « Tout le monde a un menhir dans son jardin. Si à trente ans [cinquante c'est un peu beaucoup pour l'époque] on n'a pas un menhir dans son jardin, c'est quand même qu'on a raté sa vie. » La foule applaudit. Socrate reste dubitatif. À la fin du spectacle, il observe des centaines de braves citoyens romains se précipiter chez des marchands de menhirs. Interloqué, il arrête l'un d'eux. Débute alors le dialogue suivant :

SOCRATE : Dis-moi Julius Cretinus Verus [c'est le nom du badaud], où donc te rends-tu d'un pas si pressé ?

JULIUS CRETINUS : Je vais à la via Condotti acheter un menhir.

SOCRATE : Pour quelle raison ?

JULIUS CRETINUS : Vous n'avez pas entendu Jacobus Seguelus Bonimentus dire que si à trente ans, on n'a pas un menhir dans son jardin, c'est qu'on a raté sa vie ? J'ai vingt-neuf ans et je ne tiens pas à ce qu'on pense une telle chose de moi !

SOCRATE : Ce n'est donc pas pour te convaincre toi,

mais plutôt les autres que tu vas acheter un menhir ? Si tu t'interroges, crois-tu que ta vie soit ratée ?

Julius Cretinus (*pensif*) : J'ai une femme et des enfants que j'aime ; un métier modeste, mais dans lequel je réussis ; une assez jolie domus et de nombreux amis. J'ai certes quelques soucis, mais je suis plutôt content de ma vie...

Socrate : Alors pourquoi courir acheter un menhir si tu penses que tu as plutôt réussi ta vie ?

Julius Cretinus : Sans doute, Socrate, parce que les autres ne le savent pas. Si j'arbore un beau menhir dans mon jardin, ils penseront à coup sûr que j'ai réussi ma vie !

Socrate : Cela semble certain, Cretinus, puisque l'opinion commune le dit. Mais puisque tu sais que cela n'est pas vrai, en retireras-tu une réelle satisfaction ?

Julius Cretinus : Sans doute pas. Mais je serai rassuré de savoir que mes voisins et mes amis penseront ainsi.

Socrate : As-tu parmi tes connaissances quelqu'un qui possède un menhir dans son jardin ?

Julius Cretinus : Bien sûr Socrate ! Plusieurs même !

Socrate : Et peux-tu affirmer avec certitude, sans risque aucun de te tromper, que toutes ces personnes sont heureuses et ont réussi leur vie ?

Julius Cretinus : Certainement non ! Claudius est malheureux dans son mariage ; Lucius ne cesse de se plaindre que ses affaires sont au plus bas et qu'il devrait changer de métier ; Cornelius, bien qu'il soit très riche, ne s'est jamais remis de son accident de cheval et geint en permanence ; Caius s'est brouillé avec son fils... assurément aucun n'est vraiment heureux.

Socrate : Et pourtant l'opinion commune pense que lorsque l'on a un menhir dans son jardin on a réussi sa vie ?

JULIUS CRETINUS : C'est en effet ainsi que beaucoup pensent.

SOCRATE : Mais tu sais bien, toi, que cette opinion est erronée !

JULIUS CRETINUS : Assurément.

SOCRATE : Si tu le sais, les autres le savent aussi. Nous connaissons tous des abrutis, des vicieux et des hommes très malheureux qui ont de magnifiques menhirs dans leur jardin.

JULIUS CRETINUS : C'est certain.

SOCRATE : Et tu crois donc, parce que tu auras toi aussi un menhir dans ton jardin, que les autres te croiront heureux et envieront ta vie ?

JULIUS CRETINUS : C'est peu probable, Socrate.

SOCRATE : Alors, pourquoi aller acheter ce menhir puisque tu sais par ton expérience et par ta réflexion que ce qu'a dit Seguelus est une bêtise et un mensonge ?

JULIUS CRETINUS (*hésitant*) : Tu as raison, Socrate. J'ai suivi la foule sans réfléchir. Je vais de ce pas retourner chez moi.

SOCRATE : Va plutôt t'acheter un menhir si tu aimes les menhirs. Mais ne crois jamais qu'il t'apportera le vrai bonheur ou qu'il sera le signe de ta réussite d'homme. Et si tu rencontres quelqu'un qui exhibe son menhir de manière ostensible pensant ainsi s'attirer l'estime d'autrui, ne l'envie pas mais ressens de la pitié pour lui, car c'est un homme bien misérable.

Mais revenons à Jacques Séguéla. Quelques jours plus tard, le 20 février, devant la pluie de critiques qui s'abat sur lui, il fait son mea-culpa dans le Grand Journal de Canal+ : « J'ai dit une immense connerie. C'est l'arroseur arrosé. On attend de moi que je sache communiquer. » Bravo, c'est bien de le reconnaître. Mais pourtant cette déclaration laisse un arrière-goût d'insatisfaction. Imaginons que son lointain ancêtre ait rencontré Socrate quelques jours plus tard, après qu'il eut confessé son erreur devant l'indignation d'une partie de la population.

Seguelus : Tu as vu, Socrate, j'ai reconnu avoir fait une grossière erreur ! Tu peux être fier de moi.

Socrate : Si je t'ai bien écouté, tu as dit en effet avoir commis une erreur. Mais à aucun moment je ne t'ai entendu affirmer que tu avais dit un mensonge et une absurdité.

Seguelus : Que veux-tu dire, Socrate ?

Socrate : Ce que tu as regretté, c'est d'avoir mal parlé n'est-ce pas ?

Seguelus : En effet.

Socrate : Tu regrettes d'avoir mal parlé alors que c'est pourtant ton métier ?

Seguelus : C'est juste.

Socrate : Donc ton regret porte sur la forme et non sur le fond de ta pensée ?

Seguelus : Que veux-tu dire ?

Socrate : Si tu avais pensé avoir dit une contre-vérité ou un mensonge, tu aurais dit : j'ai dit une chose erronée ou un mensonge. Mais là tu as simplement dit que tu avais dit une bêtise parce que tu avais mal parlé. J'en déduis donc que ce n'est pas ce que tu as dit qui est une erreur, mais le fait de l'avoir dit et que cela t'ait valu les sarcasmes de la foule.

Seguelus : Je ne sais où tu veux en venir, Socrate.

Socrate : Tu le sais très bien, Seguelus, mais cela te gêne de l'entendre ! Je ne te reproche pas d'avoir mal parlé. Cela m'arrive à moi aussi. Je te reproche de regretter simplement d'avoir dit ce que tu n'aurais pas dû dire pour que l'opinion publique conserve une bonne image de toi. Alors que j'attendais de toi, en homme vertueux, que tu regrettes d'avoir menti à tous.

Seguelus : Tu professes contre moi une grave accusation, Socrate.

Socrate : Parle-moi en vérité Seguelus : crois-tu vraiment que posséder un menhir dans son jardin soit le signe d'une vie réussie ?

Seguelus : Tu es malin, Socrate ! Car si je te réponds par l'affirmative tu me diras que je suis grotesque, et si je te réponds par la négative, tu auras beau jeu de dire que j'ai menti. Dans un cas je passerai pour un sot et dans l'autre pour un bonimenteur.

Socrate : Oublie quelques instants ton image et ce que l'on pensera de toi. Réponds-moi avec sincérité, Seguelus. Quel est pour toi le signe véritable d'une vie réussie ? Le fait d'avoir un menhir dans son jardin ou de posséder quelque autre objet de valeur ?

Seguelus : Je le pense, en effet.

Socrate : Et tu n'as jamais remarqué que bien des hommes possédant des menhirs sont malheureux, ivrognes, débauchés, ignares et que personne ne les envie ?

Seguelus : Cela, Socrate, nul ne pourrait le contester.

Socrate : Et n'as-tu pas remarqué, dans l'autre sens, que bien des personnes n'ayant pas les moyens d'acquérir un menhir sont heureuses, vertueuses, aimables, de telle sorte qu'on aimerait bien leur ressembler ?

Seguelus : C'est possible, en effet.

Socrate : Il est donc facile d'en déduire que le fait de posséder un menhir ou quelque objet précieux n'est en aucun cas le signe d'une vie ratée ou réussie, heureuse ou malheureuse et que tu as proféré une absurdité aussi énorme que le menhir qui trône dans ton jardin.

Seguelus : Assurément, Socrate, je le reconnais volontiers : la possession d'un objet n'a jamais rendu l'homme durablement heureux. J'ai dit cela par jeu, pour voir où cela nous conduirait et je constate que tu n'as pas failli à ta réputation !

SOCRATE : Si tu t'observes et si tu observes les gens autour de toi, que diras-tu qui puisse les rendre heureux et être le gage d'une vie réussie ?

Seguelus reste songeur.

SOCRATE : Avoir une bonne renommée ? Des coffres remplis d'or ? De nombreux esclaves ? Ou bien plutôt des choses plus intérieures : de vrais amis ; une âme sereine et paisible ; une connaissance joyeuse du Vrai, du Bien et du Beau ; une vie vertueuse, respectueuse de soi et des autres ?

SEGUELUS : Assurément ces dernières choses, Socrate.

SOCRATE : Tu n'es donc pas un idiot, mais un menteur.

SEGUELUS : Le mot est trop fort ! J'ai tenu ces propos par déformation professionnelle.

SOCRATE : Que veux-tu dire ?

SEGUELUS : À force d'inventer des annonces mensongères pour vendre des objets, je finis par ne plus reconnaître ce qui est vrai de ce qui est faux.

SOCRATE : Tu avoues donc que tu t'es habitué à ne plus savoir discerner la vérité de l'erreur, le bien du mal ?

SEGUELUS : Je fais un métier difficile, Socrate. Je dois vanter les qualités d'un objet, aussi inutile soit-il. Je ne réfléchis plus depuis longtemps en termes de vrai ou de bon, mais en termes d'efficacité et de gain.

SOCRATE : Tu es donc un parfait sophiste, un de ces beaux parleurs obsédés par l'argent et qui ne cherchent qu'à convaincre leur auditoire par l'art oratoire, dussent-ils proférer de grossières erreurs et de piteux mensonges ?

SEGUELUS : Chacun son métier, Socrate. Toi, tu es philosophe et tu recherches la vérité. Moi, je suis bonimenteur et je cherche à gagner de l'argent.

SOCRATE : Tu es honnête, Seguelus. Mais qu'au moins ceux qui t'écoutent le sachent : il n'y a en tes paroles et en celles de tes semblables d'autre vérité que celle du profit. Et pour ce qui est de t'entendre parler du bonheur ou d'une vie réussie, tu me permettras de rire de tes âneries.

SEGUELUS : Tu as sans doute raison, Socrate, rions et buvons, car demain nous mourrons !

SOCRATE : Voilà bien la raison pour laquelle nous devons tous chercher la vérité, Seguelus. La vie est trop courte et trop précieuse pour la passer à nous distraire et à accumuler un trésor périssable. Cherchons plutôt à en comprendre le sens véritable et à enrichir notre âme.

Remerciements

Je remercie du fond du cœur Djénane Kareh Tager pour son aide précieuse dans l'élaboration de ce livre.

Je remercie aussi ces amis philosophes qui m'enrichissent chacun à sa manière par leurs écrits et avec lesquels c'est toujours une joie d'échanger sur ces questions essentielles : Samuel Rouvillois, André Comte-Sponville, Edgar Morin, Régis Debray, Luc Ferry, Alexandre Jollien, Michel Lacroix, Fabrice Midal.

Site internet de l'auteur
http://www.fredericlenoir.com

Site du *Monde des religions*
http://www.lemondedesreligions.fr

Site de l'émission
« Les Racines du ciel » sur France Culture
http://www.franceculture.com/emission-les-racines-du-ciel.html

Table

Prologue 9

Chapitre 1. Dire « oui » à la vie............................ 13
Chapitre 2. Confiance et lâcher-prise................... 25
Chapitre 3. Responsable de sa vie 33
Chapitre 4. Agir et non agir 41
Chapitre 5. Silence et méditation......................... 49
Chapitre 6. Connaissance et discernement.......... 57
Chapitre 7. Connais toi toi-même......................... 64
Chapitre 8. L'acquisition des vertus 73
Chapitre 9. Devenir libre...................................... 81
Chapitre 10. Amour de soi et guérison intérieure. 88
Chapitre 11. La Règle d'or 97
Chapitre 12. L'amour et l'amitié............................ 102
Chapitre 13. La non-violence et le pardon............ 113
Chapitre 14. Le partage.. 125
Chapitre 15. Attachement et non-attachement...... 134
Chapitre 16. L'adversité est un maître spirituel 139
Chapitre 17. « Ici et maintenant » 149
Chapitre 18. Apprivoiser la mort........................... 161
Chapitre 19. L'humour... 167
Chapitre 20. La beauté... 177

Épilogue 183

Addendum : *Qu'est-ce qu'une vie réussie ? Un dialogue inédit entre Socrate et Jacques Séguéla* 187

Remerciements 195

Du même auteur

Fiction
— *Bonté divine!*, avec Louis Michel Colla, théâtre, Albin Michel, 2009.
— *L'Élu, le fabuleux bilan des années Bush*, scénario d'une BD dessinée par A. Chabert, Écho des Savanes, 2008.
— *L'Oracle della Luna*, roman, Albin Michel, 2006. Le Livre de poche, 2008.
— *La Promesse de l'ange*, avec Violette Cabesos, roman, Albin Michel, 2004. Prix des maisons de la presse 2004. Le Livre de poche, 2006.
— *La Prophétie des deux Mondes*, scénario d'une saga BD dessinée par A. Chabert.
Tome 1 : « L'Étoile d'Ishâ », Albin Michel, 2003.
Tome 2 : « Le Pays sans retour », Albin Michel, 2004.
Tome 3 : « Solâna », Albin Michel, 2005.
Tome 4 : « La Nuit du serment », Vent des savanes, 2008.
— *Le Secret*, conte, Albin Michel, 2001. Le Livre de poche, 2003.

Essais et documents
— *Comment Jésus est devenu Dieu*, Fayard, 2010.
— *La Saga des Francs-Maçons*, avec Marie-France Etchegoin, Robert Laffont, 2009 ; Points, 2010.
— *Socrate, Jésus, Bouddha*, Fayard, 2009.
— *Petit traité d'histoire des religions*, Plon, 2008.
— *Tibet. Le moment de vérité. Vingt clés pour comprendre*, Plon, 2008. Prix « Livres et des droits de l'homme » de la ville de Nancy. Points, 2010.
— *Le Christ philosophe*, Plon, 2007. Points, 2009.
— *Code Da Vinci, l'enquête*, avec Marie-France Etchegoin, Robert Laffont, 2004. Points, 2006.
— *Les Métamorphoses de Dieu*, Plon, 2003. Prix européen des écrivains de langue française 2004. Hachette littérature, 2005.
— *L'Épopée des Tibétains*, avec Laurent Deshayes, Fayard, 2002.
— *La Rencontre du bouddhisme et de l'Occident*, Fayard, 1999. Albin Michel, « Spiritualités vivantes », 2001.
— *Le Bouddhisme en France*, Fayard, 1999.
— *Sectes, mensonges et idéaux*, avec Nathalie Luca, Bayard, 1998.
— *Mère Teresa*, avec Estelle Saint-Martin, Plon, 1993. Pocket 1995.
— *Le Temps de la responsabilité*. Postface de Paul Ricœur, Fayard, 1991.

Entretiens
— *Mon Dieu... pourquoi ?* avec l'abbé Pierre, Plon, 2005.
— *L'Alliance oubliée, la Bible revisitée*, avec Annick de Souzenelle, Albin Michel, 2005.
— *Mal de Terre*, avec Hubert Reeves, Seuil, 2003. Points, 2005.

— *Le Moine et le Lama,* avec Dom Robert le Gall et Lama Jigmé Rinpoché, Fayard, 2001. Le Livre de poche, 2003.
— *Sommes-nous seuls dans l'univers ?* avec J. Heidmann, A. Vidal-Madjar, N. Prantzos et H. Reeves, Fayard, 2000. Le Livre de poche, 2002.
— *Fraternité,* avec l'abbé Pierre, Fayard 1999.
— *Entretiens sur la fin des temps,* avec J.-C. Carrière, J. Delumeau, U. Eco et S. J. Gould, Fayard, 1998. Pocket, 1999.
— *Mémoire d'un croyant,* avec l'abbé Pierre, Fayard, 1997. Le Livre de poche, 1999.
— *Toute personne est une histoire sacrée,* avec Jean Vanier, Plon, 1995.
— *Les Trois Sagesses,* avec M. D. Philippe, Fayard, 1994.
— *Les Risques de la solidarité,* avec Bernard Holzer, Fayard, 1989.
— *Les Communautés nouvelles,* entretiens avec les fondateurs, Fayard, 1988.
— *Au cœur de l'amour,* avec M. D. Philippe, Fayard, 1987.

Direction d'ouvrages encyclopédiques
— *La Mort et l'Immortalité, encyclopédie des croyances et des savoirs,* avec Jean-Philippe de Tonnac, Bayard, 2004.
— *Le Livre des sagesses,* avec Ysé Tardan-Masquelier, Bayard, 2002 et 2005 (poche).
— *Encyclopédie des religions,* avec Ysé Tardan-Masquelier, 2 volumes, Bayard, 1997 et 2000 (poche).

La photocomposition de cet ouvrage
a été réalisée par
GRAPHIC HAINAUT
59163 Condé-sur-l'Escaut

Cet ouvrage
a été achevé d'imprimer sur Roto-Page
par l'Imprimerie Floch à Mayenne
pour le compte des Éditions Plon
76, rue Bonaparte
Paris 6ᵉ
en mars 2011

Imprimé en France
Dépôt légal : décembre 2010
N° d'édition : 14637/10 – N° d'impression : 79172